可修习的社交礼仪

贺　楠◎编著

花山文艺出版社
河北·石家庄

图书在版编目（CIP）数据

可修习的社交礼仪 / 贺楠编著. -- 石家庄：花山文艺出版社, 2024.1

ISBN 978-7-5511-7115-1

Ⅰ.①可… Ⅱ.①贺… Ⅲ.①社交礼仪—通俗读物 Ⅳ.①C912-49

中国国家版本馆CIP数据核字(2024)第007105号

书　　名：可修习的社交礼仪
KE XIUXI DE SHEJIAO LIYI

编　　著：贺　楠

选题策划：杨丽丽

统　　筹：秦锦霞

责任编辑：刘燕军

装帧设计：天下书装

美术编辑：王爱芹

出版发行：花山文艺出版社（邮政编码：050061）
（河北省石家庄市友谊北大街330号）

销售热线：0311-88643299/96/17

印　　刷：三河市双升印务有限公司

经　　销：新华书店

开　　本：787 毫米 × 1092 毫米　1/16

印　　张：11

字　　数：118千字

版　　次：2024年1月第1版
2024年1月第1次印刷

书　　号：ISBN 978-7-5511-7115-1

定　　价：49.80元

前言

“做人先学礼，不学礼则无以立”，这句话对一个不谙世事的年轻人来说或许没什么感触，但若对一个久经世事的人来说必然深有体会。

在人际交往中，社交礼仪十分重要。修习规范的社交礼仪，能为交往创造出和谐融洽的气氛，不仅会让你在人际关系中如鱼得水，还可助力你的事业发展和终身大事。

所谓社交礼仪，就是在社会交往中使用频率较高的日常礼节。有些人可能会说，我很有礼貌啊，这就可以了吧？要知道，礼仪不单单是指礼貌，更是人类为维系社会正常生活而要求人们共同遵守的最起码的道德规范，是人们在长期共同生活和相互交往中逐渐形成，并且以风俗、习惯和传统等方式固定下来的准则，具体表现为礼貌、礼节、仪表、仪式等。

爱默生说：“美好的行为比美好的外表更有力量，美好的行为比形象和外貌更能带给人快乐。这是一种精美的人生艺术。”是的，谈吐文雅、举止大方、彬彬有礼、良好的自我形象是构建人生大厦的基石。一个不懂社交礼仪的人，是很难受人欢迎、很难有所成就的。所以，我们要重视礼仪的作用，时时注意自己的行为，以提升个人素质。

本书从严谨实用的角度出发，全面、系统地归纳阐释了160多个人们有必要修习的礼仪常识，内容涉及仪表、言行、社交、生活、家庭、职场、商务等七大版块，包括了个人形象、言语谈吐、举手投足、待人接物等在不同场合下的具体表现，希望读者朋友们能够通过此书学会礼仪，彰显自己的独特气质，并与他人建立相互尊重、和谐融洽的人际关系，开创更加美好的人生。

目录

第一章　打造良好的第一印象——外形篇

每个人都是通过外在形象来展示自己的特点的，这也会形成他人对自己的第一印象。可以说，一个人的形象，就是他的名片。若外表清爽、衣着得体，别人与之相处，会倍感舒服，在人际交往中就会更有优势。没有人愿意通过邋遢的外表去发现一个人优秀的内在。

第一节

干净的仪容 悦人又悦己

个人礼仪的首要要求就是仪容美，它是仪表问题的重中之重。良好的个人形象不仅会让你在任何场合都神采奕奕，也会让别人更愿意接近你，使你更快得到周围人的认可。

◎ 面部美

勤洗脸，保持面部清洁。眼睛是心灵的窗口，但眼屎给人的印象很不

雅，应及时将其清除。如果觉得自己的眉毛不雅观，可以进行必要的修剪。在洗澡、洗脸时，不要忘了顺便清洗一下耳朵。必要时，还须清除耳朵里的分泌物。注意经常检查和修剪鼻毛，保持鼻腔清洁。

与人交谈时，保持牙齿洁白，口腔无味。男士若无特殊原因，最好不要留长须，应经常注意定时剃须，使自己容光焕发。

◎ 发型美

美观的发型能给人一种整洁、庄重的感觉。保持头发整洁是首要问题，所以应当自觉地做好日常护理。不论有无交际活动，平日里都要勤于梳洗自己的头发，不要将自己弄得蓬头垢面，满头油味，发屑随处可见。关于头发的长短，一般遵循：男士前发不覆额，侧发不掩耳，后发不及领；女士长发不过肩，必要时应以盘发、束发作为变通。

通常情况下，要根据自身的条件修饰头发，选择合适的发型，可以扬长避短，增加人体的整体美。在工作场合，发型应当传统、庄重一些；在社交场合，发型则可以个性、时尚一些。

◎肌肤美

手臂是人际交往中动作最多的一个部位，也要保持清洁。要勤洗手，定期修剪手指甲和指甲周围的死皮。根据现代人着装的具体情况，腋毛是不应该让对方看见的，女士特别要注意这一点。若需要穿着暴露腋窝的服装，最好先行脱去或剃去腋毛。

在正常情况下，应注意保持腿部的卫生。在正式场合，不允许男士的着装暴露腿部。女士的裙长应过膝盖以下，避免穿短裤或超短裙。

第二节
恰到好处的妆容

◎ 妆容要浓淡适宜

化妆的浓淡要视时间、场合而定。

工作时间，一般以化淡妆为宜。如果白天也浓妆艳抹，难免给人的印象欠佳。职业女性的工作妆应以淡雅、清新、自然为宜，但在宴会中女性不化妆或过于淡妆素裹就会被认为不懂礼貌。

女士最好不要使用浓香型的香水，这样会让人在电梯和会议室等通风不良的地方感到难受、憋气。

妆容与服饰的色彩和风格相协调。在设计面部彩妆时，

应该和服装、首饰一起进行整体考虑，才能相得益彰。

◎ 妆容的重要性

1960 年 9 月，肯尼迪和尼克松在电视上举行他们竞选总统的第一次辩论。

当时，大多数评论员预料，尼克松素以经验丰富的“电视演员”著称，一定可以击败比他缺乏电视演讲经验的肯尼迪。

但事实并非如此。原因是肯尼迪事先进行了练习和彩排，还专门跑到海滩晒太阳，养精蓄锐。结果他在屏幕上满面红光，精神焕发，挥洒自如。

而尼克松除了没有听从电视导演的规劝、十分疲劳之外，更失策的是他的面部化妆用了深色的粉底，因而在屏幕上显得精神疲惫，声嘶力竭。

竞选结果出人意料，肯尼迪在竞选中胜出。无疑，肯尼迪的仪容仪表起了非常大的作用。可见，仪容仪表的作用是不容忽视的。

第三节

得体的着装彰显气质

服饰作为一种礼仪，从外表上，能反映一个人的社会地位、文化修养和审美情趣等多种信息，也能表现一个人的内在情感及其对生活的态度。

◎ 着装的基本礼仪

整洁合体。保持服装干净整洁，熨烫平整，穿着合体，纽扣齐全。

搭配协调。服装的款式、颜色、佩饰相互协调。不同款式、风格的服装，不应搭配在一起。

服装应与个人的性格、职业、身份、体形和肤色等特质相适应，让服饰尽显自己的风采。

在不同时间、不同场合，服装的款式和风格也应有所不同。娱乐、休闲、运动对服装的要求最为宽松，只要简单、整洁、舒适即可。不可在公众场合光膀子、卷裤腿、穿睡衣。女性在办公场所不宜穿吊带装、露脐装、超短裙、短裤等。

◎ 男性的着装礼仪

男士在正式场合一般宜穿西装，在工作之余，穿夹克衫、运动服等休闲服装都是可以的，只需要注意穿搭适宜。

西装的衣袖应以垂下手臂时，袖口在手腕上 1 ~ 2 厘米为宜，裤子的长度以裤脚接触脚背为妥。西服内应穿单色衬衣，最好是白色衬衣。衬衫的领头要挺括、洁净，扣子要系好，领口的扣子不系领带时应解开。袖扣则无论如何都要扣好，不可把西装和衬衫的袖子卷起来。衬衫的下摆要塞在裤子

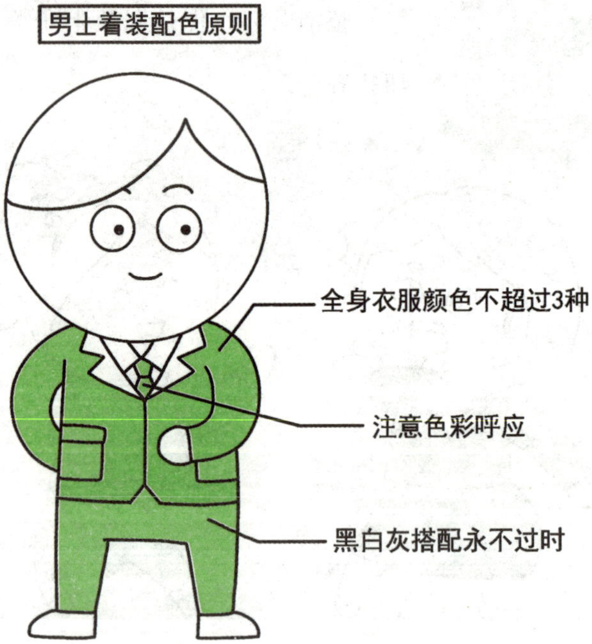

里，袖长应稍长于西装袖，衣领应稍高于西装领。选择领带的长度以打好领带时，其尖端正好垂到皮带扣处为宜。选择领带时要注意其花色与服装、衬衫搭配得当。

穿西装一定要穿皮鞋，最好是黑色皮鞋。袜子一般应穿与裤子、鞋类颜色相同或较深颜色的长筒袜。

◎ 女性的着装礼仪

在正式场合，女士穿的裙子至少应长及膝盖，普通的长裙适用于一切场合，性感的服装绝对不能穿。比较正式的场合应穿西服套裙。超短裙、无袖式或背带连衣裙只适合于居家或度假穿，如果穿到交际场合是失礼的。

女士着装原则

领边、肩头和袖口等处也要注意，不使内衣外现。穿裙子一定要穿长丝袜，袜口切忌露在裙摆之下。

一般情况下，除了参加体育运动外，不要穿运动鞋或凉鞋，可以穿平底鞋。

出席社交活动，着装选择的范围比较大，可以根据自身的特点和喜好以及社交活动的要求选择合适的服装。

◎ 得体的着装可以掩饰身体的缺陷

如果个子过于高大或高且瘦，就要选择线条流畅的服装，但不宜用垂直线条，也不宜搭配高卷的发型或高帽子、紧身的衣服，避免使用黑色、暗色等。

矮个子则需用垂直线条增加视觉身高，避免使用水平线条，避免大或粗笨、宽松悬垂的款式，选用单色组合，最好从鞋、袜到裤或裙为同一颜色。

身材肥胖者在衣服的选择搭配上应选用竖条纹、中等大小花型、颜色较深的衣服，或者用颜色明亮的上衣让人忽略体态较差的下半身；不宜穿过于贴身的毛织服装或打褶的与过短的裙子。

第四节 学会面部表情管理

◎ 保持微笑

在千变万化的面部表情中，微笑是最美的，它传达出尊重、爱、赞许、期待、友好的信息，可以缩短人与人之间的心理距离，为人们深入沟通与交往创造和谐的氛围。在人们越来越渴望得到他人尊重的今天，微笑已成为人际交往中不可缺少的礼节。

微笑的基本做法是不发声、不露齿，肌肉放松，嘴角两端向上略微提起，面含笑意，使人如沐春风。

熟人相遇，要问候，要用适当的方式与对方打个招呼。对不相识的人，如正面接触，也应点头以示友好。有人问路时，应真诚相助，不要不理睬。向他人问路，事先要用尊称，事后要微笑致谢。

◎表情管理

在与人交谈时，目光应该注视着对方。但应使目光局限于上至对方额头，下至对方衬衣的第二粒纽扣，左右以两肩为准的方框中。

社交凝视的三角区：
眼睛到嘴巴的三角位置

不能将目光长时间地集中在对方的脸上或身体的某一部位，特别是初次见面或与异性见面时。

当你被介绍与人认识时，眼睛要看着对方脸部，但不能对对方上下打量。当有求于对方或者等待对方回答时，眼睛略朝下看，以示谦恭和恳请。

当对方说错了话显得拘谨时，不要马上转移自己的视线，相反，要继续用柔和理解的目光注视对方，否则，会被别人误解为嘲笑他。

当双方缄默不语时，不要再看着对方，以免加剧尴尬的局面；当谈得很投入时，不要东张西望，否则别人会误认为你已经不耐烦了。

当上台讲话时，要先用目光环顾四周，以示对到会人员的尊重。

当进入上级的办公室时，不要把目光落在桌上的文件上。走进陌生人的居室时，不要东张西望。当和长辈说话时，最好走近他，用尊敬的目光直视对方。

在日常交往中，双眉要经常保持自然平直的状态，不要随便皱眉，挑眉梢，改变眉的位置。

在社交活动中，谈话时上下唇应自然开合，尽量少努嘴和撇嘴。当站立、静坐或与他人握手时，嘴可以微闭，不要露出牙齿，要保持微笑状。

◎“旅馆大王”希尔顿的微笑服务

1919年，美国“旅馆大王”希尔顿把父亲留给他的1.2万美元连同自己挣来的几千美元都投资出去，开始了他雄心勃勃的旅馆经营生涯。

当他的资产从1.5万美元奇迹般地增值到5100万美元的时候，他欣喜自豪地与母亲分享，想不到母亲却淡然地说：“依我看，你跟以前根本没有什么两样。事实上，你必须把握比5100万美元更值钱的东西：除了对顾客诚实，你要想出一个简单、容易、不花本钱而行之有效的办法去吸引顾客，这样你的旅馆才有前途。”

母亲的忠告使希尔顿陷入了迷惘。于是，他逛商店、串旅店，以一个顾客的亲身感受，得出了准确的答案：“微笑服务。”

从此，希尔顿实行了“微笑服务”这一独创的经营策略。他要求每个员工无论如何辛苦，都要对顾客投以微笑，即使在旅馆业务受到经济危机严重影响的时候，他也经常提醒员工：“千万不要把自己的冷面孔摆在脸上，无论旅馆本身遭受的困难如何，希尔顿旅馆服务员脸上的微笑永远都是最灿烂、最温暖的。”

因此，经济危机后幸存的20%的旅馆中，只有希尔顿旅馆服务员的脸上带着微笑。当经济危机刚过，希尔顿旅馆就率先进入新的繁荣期，跨入了黄金时代。

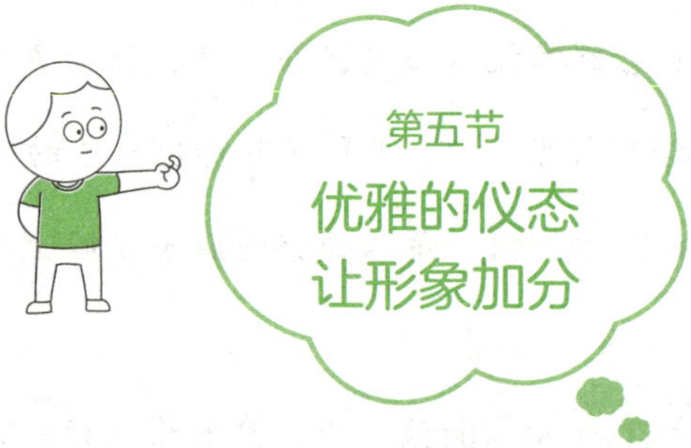

第五节

优雅的仪态让形象加分

◎ 站姿要挺拔

站姿无论是在社交场合，还是在日常交往中，都是一种最基本的举止。站立是静态造型的基本姿态，是优美仪态的起点。因此，站姿不仅要挺拔，还要优美典雅。站姿的基本要求是“站如松”，基本要领是头平正，双肩平，两眼平视，下颌微收，面带微笑，挺胸，收腹，立腰，双肩放松，双

女士站姿　　男士站姿

臂自然下垂，双手在背后或体前交叉，双腿直立。

不同场合的站姿要求。在接受奖品、致悼词等庄严的仪式场合，应采取严格的标准姿态，而且神情要严肃。主持文艺活动、联欢会时，可以将双腿并拢站立，女士可以站成丁字步，让站姿显得更加优美。

◎ 行走有讲究

在公路上行走时，要自觉走人行道，不要走行车道，还应自觉让出专用的盲道。无人行道时，应尽量走路右侧。通过狭窄的路段时，应请他人先行。

两人并排行走时，以右侧、内侧为尊；并行者多于三人时，以居中者为尊；多人单行行走时，以前为尊，以后为卑。所以，要尽量让尊长者或女性走中间和内侧。走路时忌多人携手并肩前行，那样会阻碍别人行走。

走路时也不要吃零食，这样不仅吃相不雅，也不卫生。

走路时要遵守交通规则，过马路要走人行道、天桥或地下通道，要看红绿灯或听从交警指挥。不要乱闯红灯，翻越隔离栏，或在马路上随意穿行。

◎ 坐姿要优美

在正式的社交场合，要求男性两腿之间可有一拳的距离，女性两腿并拢无空隙。两腿自然弯曲，两脚平落地面，不宜前伸。在日常交往场合，

男性可以跷腿，但不可跷得过高或抖动；女性大腿并拢，小腿交叉，但不宜向前伸直。

女士着裙装入座时，应先用手将裙装稍稍拢一下，不要坐下后再站起来整理衣服。在正式场合与人会面时，不可以一开始就靠在椅背上。就座时，一般至少坐满椅子的三分之二，不可以坐满椅子，也不要坐在椅子边上过分前倾。坐下后不要随意挪动椅子、腿脚不停地抖动。

◎ 离座时要优雅

离开座椅时，身边如果有人在座，应该用语言或动作向对方先示意，随后再站起身来。

和别人同时离座，要注意起身的先后次序。要尊长优先，即地位低于对方时，应该稍后离座。地位高于对方时，可以首先离座。双方身份相似

时，可以同时起身离座。无论如何，抢先离座都是失态的表现。

离座时不要突然起身，动作要轻缓。不要因为不注意而弄出响声或将椅垫、椅罩弄掉在地上。

“左出”是一种礼节。无论是从正面、侧面还是背面走向座位，通常都讲究从左侧一方离开自己的座位。

◎ 手势要合理

手势是举止仪态礼仪之中最丰富、最有表现力的，不同的手势所表达的手势语也不尽相同。

指引的手势。手指并拢，掌伸直，屈肘从身前抬起，向应到的方向摆去，摆到肩的高度时停止，肘关节基本伸直。需

要给人指引方向时，可采用这种手势语。

“请”的手势。五指伸直并拢，手掌自然伸直，手心向上，肘微弯曲，腕低于肘。以肘关节为轴，手从腹前抬起向右摆动至身体右前方，并与身体正面成45度角时停止。同时，脚站成右丁字步。

掌心向下挥动手臂、勾动食指或除拇指外的其他四指招呼别人，用手指指点他人，都是非常不尊重别人的手势。

在不同国家、不同地区、不同民族，由于文化习俗的不同，手势的含义也有很多差别，甚至同一手势表达的含义也不相同。因此，手势的运用只有合乎礼仪，才不至于惹是生非。

第六节 选好饰品，让你的形象锦上添花

优雅得体的穿着，如果再加上富有个性的饰品，就会使你增添无穷的魅力。但若想让首饰在服装搭配上锦上添花，就要注意很多的细节。

◎ 佩戴首饰的礼仪

首先，首饰的佩戴应当遵从有关的传统和习惯。其次，在社交场合中不戴首饰也可以，戴就不要佩戴粗制滥造之物，最好不要靠佩戴的首饰去

标新立异。如果佩戴，总数不宜超过三件。

戒指一般戴在左手上，最多不要超过两个。戴在右手上也可以，但要注意的是，若戴两个戒指要在左手连着戴或左右对称。在一般场合，女士们样样首饰都可以戴，而男士佩戴最多的只有结婚戒指一种。场合越正规，男士戴的首饰就应当越少。

男士所戴的项链一般不应外露且不应多于一条，戴项链时，要与服装、颈部和肤色相协调。脖子较粗的人应选择较细的项链，脖子较细的人则应选粗一些的。

◎ 恰当的配饰

胸针可别在胸前，也可别在领口、襟头等位置。

女士可以根据场合、服装和当天的妆容、发型来确定丝巾的色泽和款式。身高者，适合选择宽大、色彩柔和、花型小的丝巾。体形纤弱者，适合选择花色繁杂艳丽、短小一些的丝巾。

手提包的颜色要与服装的颜色、季节、场合相协调。参加舞会或宴会，可以选用颜色鲜艳的羊皮小包或缎面小包；在严肃的社交场合，可以选用颜色较暗、形状较方正的提包。

女士背包的礼仪

◎ 合理佩戴手套和帽子

帽子是装饰品中的一种，在整体形象中起着画龙点睛的作用。

被他人介绍给另一方时，女士同样不必脱帽，男士则必须脱帽致意。与女士、长辈、上级谈话或打招呼时，男士同样需要脱帽。如果向陌生女士道谢、道歉时，可以轻抬帽子表示敬意。当其他人向与你同行的女士打招呼时，也可轻抬帽子表示敬意。

值得注意的是，在国际礼仪中，戴手套可以不戴帽子，但戴帽子不戴手套就不行了，这在正规场合是失礼的行为。

◎ 恰当使用香水

不同的心情和场合要选择不同的香水，不仅可以突出自己的个性，还可以体现出个人的品位与修养，给他人留下良好的第一印象。但如果香水类型选择不好，不但魅力会大打折扣，还可能破坏社交气氛，这是很失礼的行为。

在喷洒香水时一定要注意量的多少。香味以淡雅清香为宜，尤其是长时间处于一个固定空间，比如在办公室上班，如果喷得太多，势必会发出刺鼻的香味，这样很可能弄巧成拙，引起周围人的反感。

香水应该是首先接触你身体的一种东西，当你洗完澡后，第一件事就是先喷洒它，然后再穿上衣服。

第二章　学会高情商聊天方式

语言是传达感情的工具，也是沟通思想的桥梁。有的人善于用语言来表达情意，一席话就能使人心情舒畅，有的人则不善于用语言来表达，一讲话就使人误解。因此，要想在人际交往中与他人进行良好的沟通，就应该懂得语言的礼仪。

第一节 谈话方式应因人而异

◎ 和年幼者交谈要学会尊重

年长者与年幼者谈话时，不能因为所面对的是比他小、比他资历浅的小辈，就无所顾忌，不讲说话方式，否则就会造成沟通不畅，引起不良的后果。

明话暗说。长辈和晚辈沟通时，要尊重其自尊心，用委婉的方式让他们领悟。避免摆架子，要用经验和道理使自己的观点更有吸引力和说服力。

硬话软说。家长和子女沟通时，也要以尊重为前提，放下先入为主的评判；要重视和肯定孩子的感受，让孩子在肯定和重视中，获得价值感和存在感，这样才能打开孩子的心扉，让他们说出自己内心真正的想法。

长话短说。长辈或家长要避免讲大道理和“家长式”说教，避免情感绑架式的诉苦和抱怨，多从正面激励晚辈或孩子。

◎ 关心第一，和长辈交谈要耐心平和

年轻人跟老年人交往，尊重老人为第一要务，谦虚恭谨是起码的要求。在老人面前显能炫耀，既是一种不恭的表现，也是一种失礼的行为。

应关怀和抚慰年长者的生活起居和感情，从而消解其孤独心理。

和老年人交谈时应激发并聆听老者讲述关于他自己过去的历史，从而满足其怀旧心理。在谈话中也可以称赞年老者的身体、精力和意志，从而满足其自信心。

老年人最忌讳年轻人跟自己谈论死亡，特别是怕别人言及自己的寿限。如不注意，而大谈人家死后的情况，便会使老年人不悦甚至恼怒。

◎ 和异性交谈需有礼有度

聪明的人，在与异性谈话时能恰到好处地选择那些生活中的趣事作为话题，既可以消除彼此间的距离，又容易产生共鸣，增加亲切感。

尊重对方的观点、兴趣爱好、生活习惯等，不要过度追问或者评论对方不感兴趣的话题。

学会冷读术。通过对人的共性特征感受，让对方产生情绪波动，从而给你提供更多信息。两个人也能在不断活跃的氛围中破冰了。这样即使和对方了解不深，也能说中对方的特点和想法，让对方感到意外的同时拉近彼此的关系。

学会幽默沟通。幽默可以让聊天更加有趣，但要注意不要过度使用或使用不当。

注意不要过于热情。在和异性聊天时，要掌握好尺度，不要表现得过于热情或者过于冷漠，避免让对方感到尴尬或不舒服。

◎ 找到共同话题，闲聊不尴尬

初次交往，双方都不十分了解，话匣子可能一下子难以打开，这是很正常的。

就地取材，打开话题。这时候，可以挑选具有广泛性内容的话题，包括文艺、体育、旅游、时尚、习俗等。这类话题谈起来轻松愉快，只要能找到共同点，就一定能产生共鸣，收到较好的沟通效果。

在聊天过程中，如果发现对方感兴趣的话题，比如专业、特长、爱好等，可以进一步展开。

保持轻松愉快的气氛。和陌生人聊天最重要的一点，就是保持轻松愉悦的气氛，让对方想继续聊下去。记住，谈话时如果始终笑容可掬，别人就会更专注。不要引经据典、说太斯文的话，那也许会令对方感到莫名其妙。

◎聊天也有雷区，千万不要踩

当聊天的人群中既有生人又有熟人时，不能只和熟人聊天而冷落了生人。对熟人要略收敛，对生人要多问询。

在我们遇到不懂的问题时，不要不懂装懂，滔滔不绝，而是要学会保持沉默，让对方多说，免得因为说错话而出现尴尬的局面。

不要谈及他人忌讳的事情。闲聊时一定要注意适可而止，不要滔滔不绝，没完没了，万一一不小心触及对方的痛处，闹得不欢而散，可就因小失大了。

任何时候都别期望你说了直接的话之后，用“抱歉我说话比较直接”就能把伤害降到最小。人们只会记得你的伤害。要说就别怕撕破脸，要觉得重就别说。

别怕冷场。聊天时总会在聊了一个阶段之后出现空场，这时候不要觉得自己特别有义务去填补这个“空场”，结果可能越是想说，越想把气氛炒热而越尴尬。

掌握交谈的礼仪，懂得交谈的禁忌十分重要。

不乱起绰号。通常来说，带褒义的美称是一般人乐于接受的。如果针对别人的生理缺陷，给人家起一些明显带有侮辱性或人身攻击的绰号，就会引起别人的反感，要尽量避免。

不要飞短流长。人际交往中，别人的私生活和隐私权理应得到尊重和保护。与人交往过程中，不要主观臆断，妄下结论，更不能传播不负责任的小道消息。

不要心不在焉。当你听别人讲话时，思想要集中，不要左顾右盼，心不在焉，或面带倦容、连打哈欠；与人交谈时，姿态要自然得体，手势要恰如其分，不要有过多的小动作。

别人在谈话时出现了错误或不妥，不应嘲笑，特别是在人多的场合尤其不可如此，否则会伤害对方的自尊心。

◎ 学会聆听

与人交谈，如果没有用心去听，很快就会惹来朋友的不快，甚至拂袖而去。因此，只有掌握了倾听的礼仪，才能正常沟通、促进交往。

聆听时要专心致志，保持目光接触，仔细听清对方所说的话。不要三心二意，东张西望。应当排除一切干扰，集中注意力认真倾听。倾诉者总是希望与倾听者进行交流，希望被人理解、获得同情等。在这种情况下倾听者适当的提问、提示会表现出兴趣，给倾诉者以鼓励。

注意倾听别人的讲话，从对方说话的内容、声调、神态中，可以了解对方的需要、态度、期望和性格，他们会自然地向你靠近，这样你就可以与很多人进行思想交流，建立较广泛的人际关系。

第二节 学会拒绝，不做无原则的老好人

在生活中，常会出现当别人有求于你，而你出于各种原因，不能接受的情况。这时，就要懂得拒绝的礼仪，既不伤害别人，又不勉强自己。

◎ 立场要坚决，态度要委婉

有的时候，面对一些勉为其难、有悖原则的要求，这种忙不能帮，就该当机立断，马上拒绝，不要含含糊糊，态度暧昧。千万不要为了面子，当别人求助于自己时充好汉，而答应了对方，到后来无能为力，一拖再拖，最后才说没办法。这时候不仅耽误了别人的事情，更把自己推向了尴尬的境地。

不过，即使是直接拒绝别人的时候，态度也要温和，要微笑，不要情绪过分生硬地回绝别人，说话更不能刺耳、不顾对方的感受。这样，让别人感觉即使你拒绝他，也是很尊重他的，不会因此没有面子。

◎ 尝试在说“好的”之前停顿

当别人向你提了一个不合理的要求时，不管是当面还是以信息的形式，不要马上答应或拒绝对方，而是尝试先停顿一会儿。

不要小看这个短暂的停顿，要知道此时无声胜有声。谈话停顿或沉默

的时候，往往是对方真正开始思考的时刻，也是双方心理开始发生变化的时刻。

如果向你提出不合理要求的那个人足够聪明的话，他应该知道你的这种停顿或者沉默本身也是一种表态，他自己也会在这个时候去反思自己所提的要求是否过分。或许还不等你开口，他自己就会先改口了，因为他也不想被拒绝。

当他人的问题很棘手甚至具有挑衅、侮辱的意味时，不妨以静制动，一言不发，静观其变。这种拒绝所表达出的无可奉告之意，常常会产生极强的心理上的威慑力。

◎ 给双方台阶下

怎样才能既拒绝了别人又不得罪人呢？这时候，就需要用委婉的表达方式，既充分表达出你的观点，也不会伤害到对方的自尊心。

一位优秀的文学家，喜欢闭门创作，不喜欢受到别人的打扰，更讨厌接受别人的采访之后的大肆宣传。

有一次，他的一本小说出版之后，被拍成了电视剧，在国内外引起了不小的轰动。当时，有很多记者都想约见他，报道他的写作过程，但都被他谢绝了。但有一位国外的女记者十分执着，还想办法弄到了他家的电话号码，很诚恳地请求登门拜访。

这位文学家一再婉言谢绝，都没有用，于是他对那名女记者说了这样一句话：“假如你看了我的这本小说，觉得就像是吃了一个鸡蛋，觉得它很好，那又何必去认识那只下蛋的母鸡呢？”女记者听完开怀大笑，终于放弃了采访。

◎ 答非所问，避实就虚

在商务活动中，面对比较复杂的人际关系，有许多问题不便直接表态，必要时可来个答非所问，就是避实就虚，对对方不说“是”，也不说“否”，只是搁置下来，转而议论其他事情。

相传，楚国的国君楚威王仰慕庄子，派两位大夫去请庄子做官。那天，庄子正坐在濮水边钓鱼，听完两位士大夫的话后，似是不经意地问道：“听说你们楚国的庙堂之上有一只神龟，死了三千年，你们大王把它装在竹箱中，盖上锦绣的布，虔诚地供奉着。请问，那只乌龟是喜欢死了变成骨头被别人供奉，还是喜欢活着在烂泥巴浆里打滚呢？”两位大夫马上回答：“当然喜欢在烂泥巴里打滚嘛！”庄子说：“对啊，我也是想活着，在烂泥巴里打滚。”

在这里，庄子虽然没有正面回答，但用了一个很贴切的比喻回应，两位大夫自然也就不再坚持了。

第三节

说服的关键是抓住人心

◎ 诚恳表达，有理有据

要想恳切地表达自己的意见而又不得罪人，就要在表达意见的时候，肯定对方的观点，然后由其推导出可能产生的不良后果，在此基础上，再提出自己的意见。

分析对方意见的弊端要实事求是，有理有据，同时要承认自己的意见也可能有错。我们不能强迫别人立刻接受和相信我们的意见，而要允许别人考虑我们的意见。

要尽量用商讨或询问的口吻，不用命令或过于绝对的语气。

如果面对的是老师、长辈或上级，自己直接说出不同的意见比较为难，可借助同类型的，对方也熟悉或已明确了的事例来替代自己的意见。

另外，我们还要表示愿意考虑别人和我们不同的意见，请对方提出更多的说明、解释和证明。假使别人能够使我们相信他的意见，那我们就应表示立即抛弃自己原来的看法。这样，才是最理想的表达不同意见的方式。

◎ 先考虑到对方的合理需要

说服他人要讲究一定的方式、方法，最好要先考虑到对方的合理需要。

人生在世，要求得生存和发展，必然有各种各样的需要，包括物质的、精神的、生理的需求等，了解到这些，双方交谈也就有了共同的话题，就可以从这些入手处说服对方。

但是，有时对方的需要在特定的时空场合、特定的情景之中可能变得模糊不清，由此而造成与你持不同，甚至对立的态度。其实，如果对方认识到自己的需求与你的观点、主张等一致，接受你的劝说可以满足自己的某种需求时，他也就会认可你的劝说。如此有的放矢，说服一般是会有成效的。

◎ 把握住对方的心理

说服对方的过程中必须把握住对方的心理，针对其特定的心理来劝说。入情入理地帮助对方发现和满足自己的需要。因为，不同的心理状态会影响劝说的实效，影响对你的观点、看法、态度的认可。影响心理状态的因素很多，人们不仅会因为性别、年龄、职业、阶层、民族、文化、教养等因素而形成较稳定的心理状态，也会因具体的时空场合、人事环境等因素而产生瞬间的心理状态。

战国时期，秦国趁赵国政权交替之际，大举进攻赵国，赵国危急，向齐国求援。齐国提出要以赵太后的小儿子长安君为人质，才肯出兵。赵太后溺爱长安君，执意不从，赵国危机日深。触龙顺着太后溺爱长安君的心理因势利导，用“爱子则为之计深远”的道理，说服了赵太后，让长安君出质于齐，换取救兵，最终解除了国家危难。

◎ 巧用对比

人有的时候一旦固执己见、自以为是，或者沉醉入迷、心灰意冷的时候，往往很难听得进别人的好言相劝。要想在这种情况下说服人，是很困难的，但巧用对比，有时可能起到意想不到的效果。利用两件事的相似之处，或借甲事说乙事，让对方在其中产生感悟，以达到委婉说服对方的目的。

三国时期，曹操举百万大军讨伐东吴。当时东吴内部分为两派，一派主战，一派主和。主战派代表鲁肃邀请诸葛亮帮忙说服东吴君主孙权，与刘备一起迎战曹操。诸葛亮见到孙权，没有直接劝说，而是说："曹操兵力众多，求和确实是个明智之举，但是我们是准备要和曹操作战的。"孙权问其原因，诸葛亮笑道："我们主公为汉室后裔，一心只为兴复汉室讨伐逆贼，即使力量悬殊，也要为之一战。但是对你们来说就不一样了，为了东吴的安全，求和是个不错的选择。"孙权听完之后，没过多思考便决定与刘备共同抗曹。

◎ 必要的解释

解释是人际交往中必不可少的沟通方式。但若想在进行具体解释时做到让人信服、有说服力，还要讲究一定的方式和方法。

当别人对自己提出的观点或言行动机不明了、疑惑不解，或对自己过去的某一说法或做法有怀疑时，人们常常要对别人解释，说明真相，把事情的原因解释清楚。出于这样的目的，若想让人信服，解释必须有理有据，如实地陈述事情的本来状况。

为了让别人相信你的理由是正确的，你也可以相应采取比喻的方法，使你的解释浅显、具体、生动、形象，让人一听就明白。

有时对一些明知故问或明显带有挑衅、讥讽、轻视意味的问题，或者不便解释、解释起来很费口舌的问题，可以采取不正面回答的方法，以反讽的方式对其质疑和反问，使对方对原来的问题重新认识，从而达到自己的目的。

第四节
批评要把握好分寸

批评往往使对方产生一种对立情绪，如果批评的方式不得当的话，就很容易给双方的关系和工作带来消极的影响。因此，当你要对别人发表看法，对他人的错误进行批评时，一定要掌握批评的礼仪。

◎ 批评他人，可以先讲讲自己的故事

在批评他人之前先谈一谈自己从前做过的类似的错事，一方面可以为对方提供活生生的例证，让他从这个例证中认识到犯错的严重后果，另一方面也可以带给对方一定程度的认同感，拉近彼此的心理距离，营造出心胸开阔、坦诚相见的良好的批评氛围，从而使对方更容易接受批评。

有时候，碍于所处的场合或评价对象的面子，批评者虽然胸怀块垒，不吐不快，但却不便以过于直

接的方式进行表达。这时候，批评者可以不明确表明自己的态度，只把自己的表达作为个人感受抒发，而将批评之意蕴藏在貌似中性的表达之中，既不破坏特定场合的气氛，又能够使批评对象领会其批评的意图，并引起所有在场者的思考。

◎ 营造适宜的氛围

有时候批评也需要营造适宜的氛围，在冷冰冰的气氛中很难收到良好的批评效果。

如果在批评之前先表示对对方某一长处的赞赏，肯定对方的价值，满足其某种心理需要，那么就能够营造出较好的气氛，这样既削弱了批评本

身让人难以接受的程度，又使被批评者不至于产生逆反心理。

幽默并非只与讽刺结缘，在批评中引入幽默是调节气氛最好的方式，可以达到意想不到的效果。但如果把握不好往往会使批评掺杂上讽刺的意味，就会招人反感。

微笑是一种魅力，是化解矛盾的有效方法。如果你是婉转地批评某人，就无须太过严肃，偶尔面带微笑可以缓和气氛，也不至于让被批评者过于紧张。

◎要善于运用词汇

在批评他人时，要善于运用词汇，例如，“意见”和“建议”两词的区别就在于前者是否定性的，而后者是建设性的。相比之下，人们更容易接受建议而不是意见。

有一个人到一家啤酒屋买一杯酒喝，老板却只倒了半满就递给了他。这个人接过酒杯喝了一口，然后随意地和老板攀谈起来：“您一个礼拜大概能卖多少桶啤酒？”

“35 桶左右吧。”老板随意答道。

这个人神秘地凑近老板，说：“我有个好主意，能让您的啤酒销量翻一倍。”

老板眼睛一亮：“说来听听。”

“很简单，只要您每回倒酒的时候，把酒杯倒满就行了。”

老板听完，不好意思地笑了。

◎ 不要过度地纠缠

当事人犯了错误，最忌讳别人津津乐道他的短处。

批评者过多地纠缠于错误本身及其后果只会让他厌烦痛苦，丧失信心，甚至于怀着破罐子破摔的心态进行顶撞。既然错误已经发生，倒不如既往不咎，引导犯错者着眼未来，为做好明天的事情而吸取教训，细心准备。

许多人之所以做出错误的行为，并不是因为他不懂得这种行为本身的违法、违规和不道德性，而是因为一时被种种不良的念头所驱使，导致自己做出了在理性状态下不太可能做出的错事。

遇到这种情况时，批评者往往没有必要再去重申那人人皆知的大道理，只需采用含蓄的方式，暗示对方正在忽视最为基本的道德尺度和法律法规，使之从贪婪的念头中惊醒过来，从而自觉地放弃错误的行为。

◎ 礼貌回应批评

当别人指出我们错误的时候，大脑里的第一反应一定是强行想向对方解释。这种情况下永远会被认为是推卸责任，狡辩是非。缓和对方的情绪是你首先要做的事情。

认真倾听。面对批评或指责，你需要克制自己的冲动，去打断对方。认真倾听可以让对方进一步缓和情绪，也可以让你从沟通的内容中获得更

多有助于回应的更翔实的信息。与此同时，也要多反省自己，是什么原因导致目前事态的发生。

双方协商。待事态缓和后，对方通常会给出比较具体的解决办法或意见。听完后，你需要给出你的解决思路，找到解决问题的最佳方法。

回应批评。最后，我们也要对对方所“批评”的事情给予一些正面的回应，真诚地表达自己的感受和看法，让对方明白造成失误的客观原因以及我们做出某种行为是出于什么样的考虑。通过沟通，达到相互理解的目的，无形中也会缓和双方的关系。

第五节 插话与提问要切合时宜

◎ 提问要因人而异

提问可以让一个人在交际活动中处于主动地位。决定对方说什么，怎么说，也决定了双方的交谈程序和交际气氛。所以，若想让提问具有一定的控制能力，就要懂得提问的礼仪。

提出问题要因人而异。

对性格直爽者，不妨开门见山；对脾气倔强者，要迂回曲折；对平辈或晚辈，要真诚坦率；对文化较低者，要问得通俗；对心有烦恼者，要体贴谅解，问得亲切。

对于较重要的交谈，要想好顺序，先问什么、后问什么、最后问什么。总体上要问哪些事，心中要有数，力求发问的最佳效果。

要使对方乐于答话，应选他擅长的来说，提问也是如此。有时人们提问不是要对方解疑，而是要对方听自己表达。这就是个由自己提问到自己表达的转变过程。

◎ 有效提问的技巧

提出的问题为开放性话题。就是你聊起一件事情，对方可以有很多种回答。用这种方式聊天，对方就会主动分享更多的信息，双方的聊天也不

会走进死胡同，变成沉默的尴尬。

对于自己不懂的话题，可以采用请教式提问，这样不仅可以提高对方的价值，还能避免自己因为不懂装懂而闹笑话。

提问必须使对方乐意回答，问话后要察言观色，从对方的反应中获得信息反馈。对方低头不语或答非所问，可能是表示他不感兴趣或不能回答。这时就要换个提法再问，对方面露难色或有疲劳厌倦感，应适可而止。

◎ 回话的技巧

短暂沉默。有的时候对方与我们简单寒暄，没想好如何回话的时候，不妨保持短暂的沉默，伴之以微笑和礼貌的肢体语言。在沉默中思考如何回话，这是一种成熟稳重的表现。

重复对方的话。有时候对方抛出问题，我们只需要重复一下对方说的话，再加上自己的情绪就可以了。这样不仅让对方觉得你是在认真倾听，还在情绪上认可他。

在听到对方夸奖的时候，一般人都会手足无措地客气几句。明明自己心里美滋滋的，但是却不知道如何得体地回应。这个时候，我们可以顺着对方的夸奖来夸奖对方。

回话的时候，语速尽量慢一点儿，吐字也更清晰一些。这样做不仅不容易出错，还能让对方更容易听明白，能及时根据对方的反应做出回应。

◎ 插话要善于抓住时机

在谈话中，要想提高自己的影响力，就必须能以适当的方式参与到与他人谈论的话题中去，发表自己的观点。要想自己的插话被人接受，而不被人讨厌，还应该懂得插话的礼仪。

插话要善于抓住时机，掌控交谈节拍。插话不是争话，压住别人的话头硬发表自己的意见，会令人反感。因此，要等别人把话说完，在交谈的间隙及时发话。因为在对方说话的间歇，很自然得体地将自己的话简短地说出，就不会使人感到你轻视他或不耐烦。恰当的插话会引起对方的注意，停止自己的言谈，让你先说。

交谈是多边的交流活动，作为谈话中的一员，谈话内容应服从于统一话题。如果插话违背对方原意，未听明白就下结论，或不着边际，转移话题，或抢过话头，显示自己更高明等，就会有不尊重别人的味道，闹不好会引起争执，不欢而散。

◎插话应以交换意见的语气进行

谈自己的认识，应该多用些“我以为”“我觉得”较好，这样可以增加交谈的探讨气氛。

别人谈话时，用“听我说”“你知不知道”一类的话，打断对方的谈话，会显得粗暴无礼。

插话应根据交谈的特定语境，选择独特视角，发表独到见解，力求给人耳目一新的感觉。此言一出，大家听得入迷，能激起大家的兴趣，并把话题引向纵深，才能给人以深刻的印象。老调重弹、人云亦云很难吸引别人的注意。

值得注意的是，如果不是讨论性的交谈，一般不要与人争辩。如果对方反驳你的意见，也没有必要急躁、恼怒，从容地说出自己的道理即可。否则，即使你说得很有道理，其他在场的人也不会支持你。

第三章　待人以礼，在社交中绽放优雅风度

“有礼走遍天下，无礼寸步难行”。社交礼仪看似简单，其实是一门很深的学问，它包含了很多方面的内容。了解并很好地应用社交礼仪，能使你在人际交往中游刃有余，并且建立广泛的人脉关系。

第一节

良好的自我介绍提升个人价值

自我介绍是人际交往中与他人进行沟通、增进了解、建立联系的一种最基本、最常规的方式，是人与人之间相互沟通的出发点。自我介绍时，应注意自我介绍的时机、自我介绍的内容、自我介绍的要求等方面的问题，做到恰到好处、不失分寸。

◎ 把握自我介绍的时机

因业务关系需要相互认识，进行接洽时可进行自我介绍。

第一次登门造访，事先和对方打电话约见时，在电话里应做自我介绍。

参加大型聚会时，与不相识的与会者或同席的人互相自我介绍。

在出差、旅行途中，与他人不期而遇，并且有必要与之建立临时接触时，可适当自我介绍。

应聘求职时应先做自我介绍。

利用大众传媒，向社会公众做自我推介、自我宣传时，应先做自我介绍。

面试时，应先向主考官做自我介绍。

◎ 选对自我介绍的类型

自我介绍也有多种方式，在合适的场合选对自我介绍的方式很重要。

工作式的自我介绍，包括本人姓名、供职的单位及其部门、担负的职务或从事的具体工作三项，缺一不可。

交流式的自我介绍，主要是为了达到与交往对象进一步交流与沟通的目的，包括自我介绍者的姓名、工作、籍贯、学历、兴趣以及与交往对象等。

应酬式的自我介绍，适用于各种公共场合和一般的社交场合。自我介绍的目的只不过是为了更明确身份而已，因此，这种自自我介绍内容要短小精悍。

礼仪式的自我介绍，适用于报告、演出、仪式等一些正规而隆重的场合，除了个人信息，还应多加入一些适当的谦辞、敬语。

◎明确自我介绍的要求

注意时间。进行自我介绍一定要力求简洁，尽可能地节省时间，所用时间越短越好，以半分钟左右为佳。

实事求是。进行自我介绍时一定要实事求是、真实可信。没有必要过分谦虚，一味贬低自己去讨好别人，但也不可自吹自擂，夸大其词，在自我介绍时掺水分，会得不偿失。

讲究态度。进行自我介绍时，态度务必要自然、随和，应显得落落大方，不要矫揉造作。这样做，将有助于自我放松，并使对方对自己产生好感。在自我介绍的过程中，语气要自然、语速要正常、语音要清晰，这对自我介绍的成功将大有好处。

要懂礼貌。在引发对方做自我介绍时应尽量避免直接相问，这样显得很没有礼貌。因此，应尽量用敬辞，表现出良好的个人素质。

自我介绍的禁忌

第二节 介绍他人认识，扩充自我人脉

在社交或商务场合，如能正确地利用介绍，不仅可以扩大自己的交际圈，广交朋友，而且可以使自己在人际交往中消除误会，减少麻烦。

◎ 介绍他人的时机

介绍他人认识，是人际沟通的重要组成部分。良好的合作，可能就是从这一刻开始的。

介绍他人的时机包括：在家中，接待彼此不相识的客人；在办公地点接待彼此不相识的来访者；与家人外出，路遇家人不相识的同事或朋友；陪同亲友，前去拜会亲友不相识者；本人的接待对象是不相识的人士，而对方又跟自己打了招呼；陪同上司、长者、来宾时，

遇见了其不相识者，而对方又跟他们打了招呼；打算推荐某人加入某一社交圈；收到为他人做介绍的邀请。

为他人做介绍的人一般是社交活动中的东道主、社交场合中的长者、家庭聚会中的主人等。

◎ 介绍他人的类型

标准式：内容以双方的姓名、单位、职务等为主，适用于正式场合。

引见式：做这种介绍时，介绍者所要做的是将被介绍者双方引导到一起，而不需要表达任何具有实质性的内容。

强调式：内容除被介绍者的姓名外，往往还会刻意强调一下其中某位被介绍者与介绍者之间的特殊关系，以便引起另一位被介绍者的重视。

礼仪式：是一种最为正规的他人介绍。其内容略同于标准式，但语气、表达、称呼上都更为礼貌。适用于正式场合。

推荐式：多是介绍者有备而来，有意要将某人举荐给某人，因此在内容方面，通常会对前者的优点加以重点介绍。

◎ 介绍他人的顺序

在为他人做介绍时，谁先谁后是一个比较敏感的问题。根据礼仪规范，可以遵守“尊者优先了解情况”的规则。

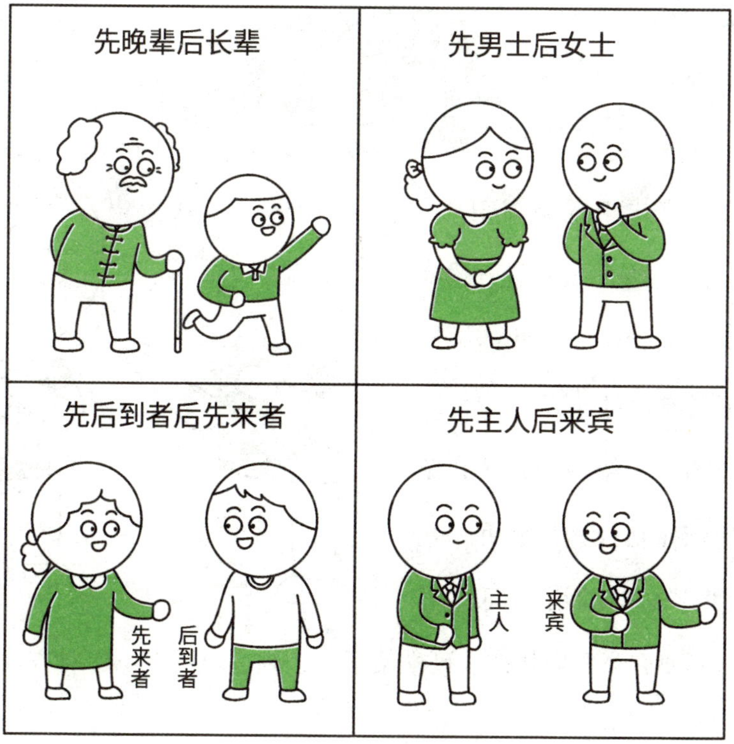

在向别人介绍自己的家庭成员时，应该谦虚地说出对方的名字，这不仅是出于礼貌，而且这样在介绍自己的家庭成员会比较方便。

◎ 介绍他人时的细节

在介绍他人时，介绍者与被介绍者都要注意自己的表达、态度与反应。

介绍者为被介绍者做介绍之前，要先征求被介绍者双方的意见。

当被介绍者在介绍者询问自己是否愿意认识某人时，一般不应加以拒绝或扭扭捏捏，应欣然表示接受。如果实在不愿意，应向介绍者说明缘由，取得谅解。

当介绍者走上前来介绍被介绍者时，被介绍者双方均应起身站立，面带微笑，并恭敬地目视介绍者或者对方。

当介绍者介绍完毕，被介绍者双方应依照礼仪进行握手，并且彼此使用友好的语句问候对方。此时不要有意拿腔作调、硬端架子，否则会显得瞧不起对方。

第三节 握手是一种无声的动作语言

现在，握手在许多国家已成为一种习以为常的礼节，其应用的范围越来越广。它是人际交往的一部分。握手的力量、姿势与时间的长短往往能够表达出不同的礼遇与态度，显露自己的个性，给人留下不同的印象。人们也可以通过握手了解对方的个性，从而赢得交际的主动权。

◎ 握手的基本礼仪

握手的次序。被介绍之后，最好不要立即主动伸手，应根据年长者、职务高者的反应行事，当年长者、职务高者用点头致意代替握手时，年轻者、职务低者也应随之点头致意。和女性握手，男士一般不要先伸手。

握手的力度。握手时的力度要适度。如果手指轻轻一碰，刚刚触及就离开，或是懒懒地、慢

慢地相握，缺少应有的力度，就会给人勉强应付、不尊重的感觉。一般来说，手握得紧是表示热情，男人之间可以握得较紧，或者在两手相握时，左手又握住对方的胳膊肘、小臂甚至肩膀，以表示热烈。对女性或陌生人，重握是很不礼貌的，尤其是男性与女性握手。

握手的时间。要紧握双方的手，时间一般以 1 ~ 3 秒为宜。通常是握紧后打过招呼即松开。亲密朋友相遇时，或表达衷心感谢时，握手时间就长一点儿。

任何拒绝对方主动要求握手的举动都是无礼的，但手上有水或不干净时，应谢绝握手，同时必须解释并致歉。

◎ 握手的技巧

主动与每个人握手。在正式场合，如谈判开始之前，双方都要互相介绍认识一下。这时候，最好表现得主动一些，表示你很高兴与他们认识。为了表达你的这种善意，你可以主动与他们每一个人握手。因为你主动，就说明你对对方尊重，只有在你尊重别人时，

才会受到别人的尊重。

要想让对方出来讲话，握手时不要松开。如果你想找对方单独谈一些事情，不巧的是里边还有其他人在，耐心等了很久仍没有机会，只好想办法让对方出来说。你可以在起身告辞时，与对方边交谈边向外走。如果对方无意起身，你就走近他，很礼貌地与他握手。这时，对方出于礼貌，也会站起身离开自己的座位，然后边说边往外走，记住说话时，眼睛也要看着对方，不要只顾着往前走。走到门口对方要与你告辞时，你要主动伸手与他握手，握手之后不要马上松开，要多握一会儿。

◎ 握手礼仪的由来

有专家认为，握手最早发生在人类“刀耕火种”的年代。那时，人们经常拿着石块或棍棒等武器用来狩猎和战争。他们遇见陌生人时，如果大家都无恶意，就要放下手中的东西，并伸开手掌，让对方抚摸手掌心，表明手中没有隐藏武器，以示友好。

熟悉历史的朋友都知道，中国古人见面，并不会两手相握，而是双手

抱拳，躬身作揖。直到一百多年前，“握手”这个动作在国人眼里都是比较微妙的。在中国古代，握手礼一般出现在两种场合：一种是亲朋好友离别时握手，一种是吊丧之时，握手以示宾客对主人的安慰。有分析者认为，我们今天惯用的握手礼，多半是晚清时期由西方传入的。这种习俗逐渐演变成今天的“握手”礼节。

第四节 称呼一定要得体

得体地称呼他人，既能体现出个人的礼貌修养，又能体现出对待他人的态度，同时反映出两者间关系的远近。一个得体的称呼，会令彼此如沐春风，为以后的交往打下良好的基础，否则，不恰当或错误的称呼，可能会令对方心里不悦，影响到彼此的关系，乃至社交的成功。

◎ 对熟人称呼的礼仪

依照关系的密切程度，可按照亲属的性别、年龄、身份等来确定称呼，可用“姓加亲属称谓”“名加亲属称谓”“姓名加亲属称谓”。在正规场合，可称呼熟人的职务或职业。

对于长辈来说，如果直呼其名就不太礼貌了，亲属间的关系也会因此受到影响，所以要用亲属称谓去称呼他们。

但对平辈来说，可互称姓名或用亲属称谓，年龄稍大的可直接称年少者的名字。

夫妻间，可互称姓名，还可以用昵称，但要注意场合。在父母、孩子面前和公开场合最好不要使用昵称。

称呼晚辈，可称其亲属称谓，当然直呼其名也是可以的，这样显得更加亲切。当晚辈成了家并有了自己的子孙后代时，再直呼其名就显得有些失礼了。

◎ 对陌生人称呼的礼仪

陌生人之间的称呼，一般有以下两种方式：

根据人的具体年龄、性别、职位称其为“先生”“女士”等。对男人可称为“先生”，对未婚女性可称为“小姐”，对已婚女性可称为“夫人”“太太”。

谦卑些总没有错。对陌生人可以互称亲属称谓。根据双方的亲属关系、

双方的年龄差距、性别可互称亲属称谓。如“大伯”“阿姨”“老爷爷”“叔叔”“大嫂”“大哥”“大姐”等。

先称呼对方，再说话。在交谈之初，一定要把对方的完整称呼认真、清楚、缓慢地讲出来，以显示对对方的尊重，然后再谈要说的事，这样就能引起对方的注意，使他认真地听下去。

◎ 称呼的不当用法

使用错误的称呼。比如念错被称呼者的姓名，或对被称呼者的年纪、辈分、婚否以及与其他人的关系做出了错误的判断。

使用不通行的称呼。有些称呼，具有一定的地域性，因此要入乡随俗。

比如，北京人爱称人为“师傅”，山东人爱称人为“伙计”，而在南方人听来，“师傅”等于“出家人”，“伙计”肯定是“打工仔”。

使用过时的称呼。有些称呼，具有一定的时效性，若再采用，难免贻笑大方，如“老爷”“大人”等。

使用不当的行业称呼。这样让人感觉不受尊重。

使用绰号作为称呼。对于关系一般者，切勿自作主张给对方起绰号，更不能随意以听来的绰号去称呼对方，更不要随便拿别人的姓名乱开玩笑。

第五节 使用通信工具要礼貌

电话不仅仅是一种传递信息、获取信息、保持联络的通信工具，而且也是单位或个人形象的载体。假如不注意在使用电话的过程中讲礼貌，失敬于人，无形之中将会使自己的人际关系受到损害。

◎ 注意打电话的时间

当需要给别人打电话时，有关工作的电话最好在上班时间打。

不要轻易更改双方约定的通话时间。

要想使通话效果好一些，使之不至于受到对方繁忙或疲劳的影响，则通话不应该选在周末，而且尽量不要在对方用餐、睡觉、过节、度周末的时候打。

与人通电话时，须顾及对方在作息时间上的特点。打电话到国外，还应考虑到时差。

打电话的人务必要有一个明确的指导思想，特别是在商界，除非万不得已，每次打电话的时间不应超过三分钟。因此，为了节省时间，一定要条理清晰地预备好提纲。

若拨通电话时对方正忙，则不应强人所难。可以约一个时间，过一会儿再打。

◎接打电话的礼仪

打电话时，每个人开口所讲的第一句话，都事关自己给对方的第一印象，所以应当谨慎，不能毫无礼貌地随便开口。在正式的商务交往中，要求礼貌用语与双方的单位、职衔一同说出。在使用礼貌性问候语以后，应同时准确地报出双方完整的姓名。不要还不知道对方是谁，一上来就跟人家寒暄，这样可能会让接电话的人一头雾水。

电话铃一旦响起，应当尽快去接电话，不要让对方等得太久，因为等待中的人特别容易变得焦急。如果因各种原因不能及时去接，就应在拿起话筒后先表示你的歉意并适当解释一下原因。

在工作场所接电话，当你拿起电话后，首先应问候对方，然后自报家门；或是先自报家门再问候对方。这样做一是出于礼貌，二是说明有人正在认真接听，三是万一打错电话就可以少费很多口舌。

在私人寓所接听电话时，为了保护隐私，可以只报姓氏，不必留名，或者干脆不介绍自己。拿起电话后的问候语应当礼貌，切不可拿起话筒，毫无礼貌地直接问答。

由于双方处于互相看不见的两地，人们往往通过声音来揣摩对方的情绪、心境甚至长相，并形成关于对方的电话形象。电话交谈时，语调应尽量柔和，以此来表达自己的友善，生硬的语调容易让人觉得不大友好。吐

字应当准确清晰，句子应当简短，语速应当适中，语气应当亲切、和谐、自然。

正常结束通话的礼仪。结束通话时，要礼貌地道别，别忘了向对方道一声“再见”，或是“晚安”。而且要等对方先放下电话，而不要先把电话挂掉。按照惯例，电话应由拨电话者先挂断。挂断电话时，应当双手轻放，不要重重地放下。否则让人感觉很不礼貌。

中止通话的礼仪。在通话时，接电话的一方不宜率先提出中止通话的要求。万一自己有特殊情况不宜长谈，或另有其他电话挂进来，需要中止通话时，应说明原因，并告知对方回复电话的时间，免得让对方觉得不受尊重。

◎ 使用手机的礼仪

在一切公共场合，手机在没有使用时，都要放在合乎礼仪的常规位置。手机尽量不要在并没有使用的时候握在手里或是挂在上衣口袋外，应当将其放置在适当之处。

公共场合特别是电梯、路口、人行道、影剧院等地方，不可以旁若无人地使用手机。如果必须在公共场合使用手机，应寻找无人之处，切勿当众自说自话，尽量把自己的声音压低，绝不能大声说话。

在工作岗位，也应注意使用手机不要有碍于工作、有碍于别人。在办公时，尽量不要接打电话时大呼小叫。尤其是在开会、会客、上课、谈判、签约以及出席重要的仪式、活动时，必须自觉地提前采取措施，不要让自己的手机响个不停。在必要时，可暂时关机，或者委托他人代为保管。

告诉对方自己的手机号码时，务必力求准确无误。如果是口头相告，应重复一两次，以便对方进行验证。若自己的手机改了号码，应及时通报给重要的交往对象，免得双方的联系一时中断。

不应当随便打探他人的手机号码，更不应当不负责任地将别人的手机号码转告他人，或是对外界广而告之。

第四章 小中见大：生活细节中的礼仪

礼仪是交往的规矩，是用来维护自我形象，对他人表示尊重友好的形式。因此，在日常生活中，对于一些细小的行为，遵守一些生活礼仪还是必要的，莫因为不注重礼仪而因小失大。

第一节 探望病人有讲究

人在生病时，最需要的就是朋友的安慰与照顾，当得知朋友或亲友生病后，应及时去医院或家中探望、慰问，帮助其分担痛苦，同时通过探病可以加深了解，增进友谊，培养感情。去探望病人，无论是言谈举止、衣着、神情还是携带的物品都有讲究。

◎探病前的准备

在探病前应当先了解一些具体的情况。

打听清楚病人在什么病区以及病床号，以免到时到处打听，扰乱医院的宁静。

要清楚病人近段时间是否因病情或治疗的特殊要求不宜接待探望者，以免空跑。

了解病人的心理状态和情绪状况，这样才能在与病人谈话时注意谈话的内容，做到有的放矢。

无论病人是在家休养还是住院治疗，探望者都应注意探病时间的选择。探病的最佳时间是上午10：00～11：00，下午2：00～4：00，最好不要选择清晨、中午、傍晚、深夜或饭前和饭后时间去探望，因为这些时间是病人休息的最佳时间。

探望病人时，逗留时间不宜过长，一般把握在20分钟内。若病人已在康复中，并有较强兴致希望与人交谈，那么探望者可与之多谈一会儿。如果病人的病情还处在静养阶段，探望者问候几句后便可离开。

◎ 探病时的礼仪

探望病人时，还要注重着装，只要庄重、素雅就好。

进入病房前要先敲门，让病人觉得自己仍然受人尊重。进入病房时，要尽快找位子坐下，因为有人站在病床前容易让病人产生紧张感。

进入病房以后，如果看到病床周围有刚用过还未收走的医疗用品和器具，不要大惊小怪，也不要躲躲闪闪或表现出厌恶的样子。

看到病人消瘦憔悴的病态，不要愁眉苦脸，要真诚地关心并积极鼓励。如果病人的身体状况允许，要像平时见面一样与之行握手礼，这样做既可以告诉病人他的病已经好多了，又可以向病人传达真诚的问候。

与病人说话时，要看着对方的眼睛说话，这样病人会认为你是真心实意地关心他。病人在生病期间，最希望得到他人的鼓励，适当地说些鼓励的话，会增强病人抵抗病魔的信心。

◎ 礼物的选择和准备

一般探望病人时都要带点儿物品，以表心意。可请教医生或通过其他途径弄清病人忌讳什么，然后根据你对病人的了解，选择合适的礼品。

鲜花水果、高品质的保健营养品、内容轻松的书籍杂志，都是比较好的探病礼物。送鲜花时，应注意“花语”；送水果或食品时，要考虑哪些是病人能吃又想吃的东西，并且要注意食品的有效期；送书籍时要根据病人的情况选择，而且要慎重。

探望糖尿病人、水肿病人，不宜送苹果、香蕉等含糖量较高的食品。可以送一些含糖较低的食物或水果，如无糖奶粉、肉松、鸡蛋、猕猴桃等。

探望高血压、高烧

病人时，不宜送比较荤腻的食品。可送含有维生素的清淡食品，如新鲜水果。

探望气管炎、肺水肿、肺结核等咳嗽、咯血的病人，可送利于清肺、润肺的食品，如核桃、蜂蜜、银耳和梨等。

探望动过手术的病人，可送营养丰富、易消化、含钙质较多的食品。

探望贫血者、孕妇、产妇等，可送有营养、补血的食品。

第二节 参加婚礼，端庄典雅最讨喜

◎ 现代婚礼的仪式

现代婚礼是从传统婚礼简化而来，同时融入了西式婚礼的部分元素，形成了时下最普遍的婚礼模式。

迎亲。早上 7 点，新郎带领迎亲车队前往新娘家接新娘。喜车抵达女方家的时间，最好掌握在早上 8 点左右。新郎将手捧花、胸花等新娘花饰亲自送给新娘，待新娘收拾停当，新郎挽着新娘的胳膊，向父母与家人告别，走出家门。礼车队到达饭店婚礼现场的时间最好是上午 10 点钟左右，待新娘下车时，现场要撒花、燃放礼花。

成婚礼。上午 10 ~ 11 点，新郎、新娘要双双到酒店门口亲自迎客。大约上午 11 点，宾客纷纷开始入座。大约 11 点 10 分，司仪宣布婚礼开始，司仪发言，请证婚人、介绍人、来宾、主婚人及亲属入席。新郎、新娘在音乐声中相继出场，交换信物。中午 12 点，司仪宣布喜宴开始。

喜宴礼。新娘新郎到休息室换礼服，向来宾敬酒，并接受来宾的祝福。婚宴结束，新郎、新娘送宾客。

西方婚礼一般在法庭、教堂、小礼拜堂里举行。也可以在自己家或朋友家，或像公园这样户外的地方举行婚礼。婚礼上，男女双方互相交换结婚戒指。婚礼结束后有婚宴和舞会。婚宴后，新娘、新郎坐汽车去机场或车站开始他们的蜜月旅行。

◎ 婚宴座位安排的礼仪

主桌是一场婚宴的核心桌。主桌的数量可以根据婚宴的规模、人数而定。

还礼规模较小或长辈、贵宾不多时，可以安排一个主桌，新人、双方父母、长辈、贵宾坐在靠近宴会厅侧正中的主桌，其他客人按照领导、同事、同学、朋友的顺序安排。

如果婚礼的规模较大，可以安排两张主桌在靠近舞台的通道两侧，双方父母、长辈一桌，贵宾一桌。可以把互相认识的人安排在一桌，方便他们找到共同话题。

◎ 作为宾客参加婚宴的礼仪

参加婚礼的人员，除在婚礼前选送适当的礼物以示祝贺外，还可以送现金，称为“礼金”。

作为宾客，参加婚礼当天，应当修饰自己的仪容，打扮整洁，不可不修边幅，也不可迟到。女宾最好不要打扮得红艳异常，以免喧宾夺主，引起主人不快。值得注意的是：礼服的颜色最好避开黑色，防止让对方联想到丧礼，破坏喜庆的气氛。

在婚礼上，可对新郎、新娘说一些祝福的贺词。用词用语一定要三思，切忌随意瞎说，让人产生不快。也不可恶作剧，让新郎、新娘下不来台。

在婚宴上，敬酒是极为重要且不可或缺的一个环节。当敬酒开始时，主婚人率先举杯向新娘敬酒后，参加婚礼仪式的人员如有任何人表示要向新人敬酒，主婚人就会逐一示意他们上前敬酒。敬酒时，有若干礼节必须遵循。接受敬酒的人不必喝酒，只需坐在座位上，微笑面对敬酒者。要敬酒时，如果席间有10位宾客甚至更多，务必站起身来。如果是在人数较少，彼此都熟识的场合上，则可以坐着敬酒。为了引起他人的注意，也可以先说句开场白。婚宴上每一次敬酒的时间不宜超过三分钟，应当长话短说。

第三节 哀悼逝者需庄重肃穆

亲友过世了，我们都会举行隆重的哀悼仪式，这些哀悼的仪式礼节就是丧葬礼仪。这既是对死者的祭奠，又是对死者家属的安慰，所以知道一些丧葬礼仪很有必要。

◎ 参加追悼会人员的服饰要求

参加丧礼时，要注意服装礼仪。

穿着以素净、庄重为原则。吊慰死者前先将项链、时尚的耳饰取下来，将浓妆改为淡妆。

着正规的丧服、深色的套装或连衣裙等。刚丧偶的妇人应该穿着朴素深色的衣服。青少年应

该穿上朴素的衣服。年轻男士、接待员以及抬棺人员的衣着要一致，穿深色西装配上白衬衫、黑领带，脚穿黑色皮鞋。

◎ 吊丧的礼仪

接到亲戚、朋友、同事去世的消息，要进行吊唁，又称吊丧。吊丧时，应表现出沉痛哀悼之情，态度要严肃，感情要真挚，切不可随随便便、拖拖拉拉。

当得知亲朋好友去世的消息后，应赶紧前往吊丧，不应故意拖延。知而不去，是严重的失礼行为。

参加追悼会时，一般可单独或几个人合送花圈以寄托哀思，也可以送挽幛。

追悼会一般在遗体所在地召开，也有的在殡仪馆或火葬场召开。会前应做好充分的准备工作，按要求布置好现场。由事先委托的治丧人员在会场门口代表亲属迎候亲友和致哀者，并发放黄花、白花和黑纱，一切就绪后，在约定的时间正式举行追悼大会。

丧礼举行当天，不能迟到。准时到达以后，在签名簿上写

下自己的名字并领取相应的佩戴物品，轻轻地走进丧礼会场，给死者上香，鞠躬。行礼完毕以后，不要立刻转身离开，还应由衷地劝慰死者家属节哀顺变。安慰丧亲者时要注意方式方法，不要急于劝阻对方的痛哭。因为，哭能将内心的痛苦宣泄出来，减轻精神压力，恢复心理平静。如果多数人一起行礼，此时可推派一个人当主祭者，其他人陪同上香、献花、鞠躬。

第四节 公共场合不是文明的“法外之地”

◎ 电梯里的礼仪

如有很多人在等候，不可挤在门口，要留出空间让电梯内的人出来之后方可有序进入。也不必过分客气谦让，以免耽搁时间。

乘坐电梯须讲文明，进出电梯要礼让，先出后进。遇到老幼病残孕者，应让他们先行。进入电梯后，应给其他人留有地方，先上的人应站在电梯门的两侧，其他人靠两侧及后壁站。不要一上电梯就挡在门口，或与他人面对而立。如果带小孩乘电梯，要管好孩子，不要让孩子乱按电梯键。在电梯里不要高声说笑，出入电梯时，不要争先恐后，更不要为了等人，让电梯长时间停在某一楼层，这样会给其余乘客造成不便。

电梯内空间狭小，千万不要抽烟，不能乱丢垃圾。

乘坐自动扶梯，应靠右侧站立，空出左侧通道，以便有急事的人通行；应主动照顾同行的老人与小孩踏上扶梯，以防跌倒；如需从左侧急行通道过时，应向给自己让路的人致谢。

◎ 乘坐火车的礼仪

乘坐火车时，应事前买票，持票上车。等待检票时要排队，等火车停稳后再上车。上车过程中，不要相互拥挤，应有序上车，相互礼让。一定要乘坐车票上所指定的车次，在本车次门口进入。为防止上错车次，在上车前再问一下乘务员。

上车后，应主动与邻座打招呼。可以进行简单的自我介绍。

如果对方的态度不是十分热情，礼貌地点一下头即可。与其他乘客交谈时，不要涉及个人隐私，把握好分寸；不要漫无边际地胡吹乱侃；当有人有意与你聊天时，要礼貌应答；与异性交谈时，应保持一定的距离，不要过于亲密。

火车同样属于公共场所，因此，要求穿戴整齐。坐硬座的乘客，不能脱鞋脱袜，当众脱、换衣服。带小孩一同乘车的大人，要管好自己的孩子，不要让孩子在车厢内追跑打闹、乱动他人物品或纠缠他人。

旅客之间应相互帮助。别人的行李掉了，应主动帮其拾起；有人晕车或生病时，应多加体谅；对待别人的帮助，要表示谢意。在到达目的地前，就应做好下车准备，以免到站后手忙脚乱。下车时，应自觉遵守下车秩序，不要拥挤。

◎ 乘坐汽车的礼仪

乘坐公共汽车在车站或候车点候车时，应自觉排好队按顺序上车。车来后，不要争先恐后，乱挤乱撞；上车后，自觉买票。不要堵车门，应该尽量往里走。发现有老弱病残者或女士上车时，要主动让其先上车。若不小心踩到或碰到他人时，应及时、诚恳地向对方道歉，如果对方不接受你的道歉，也不要与之发生冲突。

在公共汽车上，不要高声说笑。雨天乘车应处处为他人着想，上车后要脱下雨衣，以免雨水沾湿别人；如果拿了雨伞，要记得把雨伞的尖顶部分朝下，防止戳伤别人。若拿着腥湿的物品，应先把它们装进塑料袋再上车，以免弄脏他人的衣服。行车期间不要与司机交谈。禁止携带易燃、易爆危险品，不在车厢内吸烟，不吃带果皮壳的食物，不随地乱扔废弃物，不要将头、手、身体伸出车外，更不要无故跳车。

驾驶轿车时，如有可能，均应后上车，先下车，以便照顾客人上下车。开车过程中要严格遵守交通规则，主动礼让非机动车辆和行人，不狂按喇叭。雨天蹚水时应缓慢行驶，以免把水溅到路人身上。不向车窗外抛掷杂物或吐痰。

作为乘客，与其他人同坐于后一排时，应请尊长、女士、来宾从右侧车门先上车，自己再从车后绕到左侧车门后上车。下车时，则应外座先下，里座后下。

从客观上讲，在轿车上，后排座比前排座要安全得多。最不安全的座位，当数前排副驾驶的座位。最安全的座位，则当属后排左座（驾驶座之后），或是后排中座。当主人亲自开车时，之所以以副驾驶座为上座，既是为了表示对主人的尊重，也是为了显示与之同舟共济。

协助尊长、女士、来宾上车时，可为之开门、关门、封顶。

上车时，双腿先并拢，轻轻移到座椅边缘。

待上半身进入车身后，再抬起膝盖，把腿移到车内。

◎ 乘坐飞机的礼仪

在所有正规的交通工具之中，飞机最为舒适，其档次也最高，已经成为最受欢迎的交通工具之一，但在乘坐飞机时，必须认真遵守乘机礼仪。

一般情况下，国内航班需提前半个小时到达机场，国际航班则要提前一个小时到达，以便留出时间托运行李，检查机票、身份证和其他旅行证件。乘客在乘飞机时，还应注意行李的重量，如果超出规定范围，则需办理托运手续。登机时应当认真配合例行的安全检查。

上下飞机时，要注意依次而行。当起飞或降落时，一定要自觉地系好自己的安全带，并且收好自己所使用的面前的小桌板，同时将自己的座椅

调直。当飞机受到高空气流的影响而发生颠簸、抖动时，也要将安全带系好，而切勿自行站立、走动。

乘机时需要对安全设备有一定程度的了解。偷拿安全用品或私开安全门，不仅有可能犯法，而且还有可能危及自己和其他机上乘客的生命安全。

当自己休息时，不要使身体触及他人，或是将座椅调得过低，从而有碍于他人。跟身边的乘客可以打招呼或是稍做交谈，但应不影响对方休息。不要盯视、窥视素不相识的乘客，也不要与其谈论令人不安的劫机、撞机、坠机事件。

如果有晕机习惯，应提前准备好清洁袋，避免呕吐时吐到机舱地板上，影响周围环境；倘若晕机现象非常严重，可打开头顶上方的呼唤信号，请乘务员帮助解决。

飞机停稳后，带好随身物品，按次序下飞机。不要相互拥挤、推搡、抢先出门，这是不礼貌的行为。

◎ 乘坐地铁的礼仪

地铁是大中型城市居民出行时的交通工具之一，既方便，又快捷。人们乘坐它就不用担心堵车了，地铁为人们的出行提供了便捷的条件。但若想安全地抵达目的地，乘客就要文明乘车，遵守乘车礼仪。

进入地铁站时，要正确使用自动扶梯。乘自动扶梯时，应靠右站稳，照顾好老人和小孩，不要在自动扶梯上追逐打闹或多人并排站在同一台阶上。

为了保持乘车秩序，同时为了节省时间，要排队候车。按照地面指示线排队，不要拥堵、挡道，以免影响下车的乘客。

不要在站台边缘与安全线之间行走、坐卧、放置物品。如果遇到老、弱、病、残、孕和带小孩的乘客，应礼让他们，让他们排到自己的前面。等车时绝对不可以随意跳下、进入地铁轨道、涵洞。为了保证安全，地铁列车进站时，等车停稳妥后，按照先下后上的顺序，有序上车。上下车时，要注意聆听开、关门时的提示警铃，不要抢上抢下，以免夹伤。

乘地铁时，应遵守相关的规定，严禁携带易燃、易爆危险品，以免发生危险。乘车时遇到老、幼、病、残、孕乘客应主动搀扶并让座。女性不要叉腿坐，男性坐地铁时也要特别注意身体不可叉开两腿后仰，或歪向一侧，也不要把两腿伸直反复不断地抖动。

下车时要提前到车门口等候，如果不小心将物品掉到地铁轨道上，千万不要跳下轨道取物，而应及时通知地铁内的工作人员，请他们帮忙解决。

◎ 乘船的礼仪

上船时，要按排队的先后次序进入，尽可能早到一些，留出空余时间。与老、幼、病、残、孕者一同上、下船时，应礼貌地给其让路，必要时还应上前搀扶。上船过程中，不要相互推挤，以免发生危险。

在上船寻位时应对号入座，一人一座或一人一铺。

第一次乘船的人，特别是身体比较虚弱的人，可能会发生晕船现象，所以，在上船之前应预备一些应急药品，以备急用。如果因晕船而发生呕吐，不要直接吐在地上，可吐在方便袋里或去洗手间处理。一旦不小心吐到地

上，应及时打扫干净。

如果没有接到其他船舱乘客的邀请，不要随便进入，尤其是在晚上、凌晨、午休时。千万不能擅自下水游泳，特别是当船行驶到深水区时，即使游泳技术再好，也不能下水。

第五节 礼尚往来，赠送礼物也是门学问

中国人一向崇尚礼尚往来。人们相互馈赠礼物，是人类社会生活中不可缺少的交往内容。在选择馈赠礼品时，每个人都要十分仔细、认真。

◎ 赠送礼物的原则

馈赠的目的不同，送礼的方式、选择的礼品、遵循的礼节都有所不同。

公务性送礼的目的多以交际和公关为主。这种性质的送礼，针对交往中的关键人物和部门赠送礼品，达到为组织带来经济效益或发展机会

的目的。

有些企业利用送礼的机会达到轰动性的广告宣传效应。

个人间送礼，则是以建立友谊，沟通感情，巩固和维系人际关系为目的。这种性质的送礼，一般讲究“礼尚往来”。所送礼品，不一定价格昂贵，重在送礼的方式。

一般节日送礼，要及时回赠，但婚丧嫁娶、生日礼品则不需要马上回赠，待到对方有类似情况时再回赠比较合适。

◎ 赠送礼物的时机

传统节日

春节、端午节、中秋节等，都可以成为馈赠礼品的黄金时间。

喜庆之日

晋升、获奖、厂庆等日子，应考虑备送礼品以示庆贺。

企业开业庆典

在参加某一企业开业庆典活动时，要赠送花篮、牌匾或室内装饰品以示祝贺。

酬谢他人

当自己接受了别人的帮助，事后可送些礼品表示谢意。

◎ 礼品的选择

送礼也应创意出新，要能在把握对方心理需求的基础上尽量送一些受礼者意想不到的礼物，体现出礼品的个性色彩和文化品位。

送礼宜顺时尚潮流而动，切忌送一些过时的礼品，那样还不如不送。

鲜花是一种高雅的礼品，它是商界人士联系情感、增进友谊的常见礼品。通常情况下，喜庆节日送花要注意选择艳丽多彩、热情奔放的花；致哀悼念时应选淡雅、肃穆的花；探视病人要注意挑选悦目、恬静的花。

健康保健类食品，如虫草、花旗参、燕窝等这些滋补品往往是商界人士送礼的选择之一。以茶作为馈赠的礼品，可以彰显个人的文化修养。

可以根据对方的爱好和兴趣，选择适合私人使用的礼品。

◎ 赠送礼物的礼仪

注意赠礼的具体时间。一般说来，应在相见或道别时赠礼。

精美的包装不仅使礼品的外观更具艺术性和高雅的情调，而且显现出赠礼人的文化和艺术品位，既有利于人际交往，又能引起受礼人的兴趣、

探究心理及好奇心理，从而令双方愉快。

赠礼场合的选择，也是十分重要的。尤其那些出于酬谢或应酬的馈赠，更应注意赠礼场合的选择。通常情况下，当众只给一群人中的某一个人赠礼是不合适的。因为那会使受礼人有受贿和受愚弄之感，而且会使没有收到赠礼的人有受冷落和受轻视之感。给关系密切的人送礼也不宜在公开场合进行，以免造成你们的关系密切完全是靠物质的东西维持的感觉。只有那些能表达特殊情感的特殊礼品，方能在公众面前赠予。因为这时公众已变成你们真挚友情的见证人。

第五章　家中有“礼”，传承良好家风

家庭是幸福的摇篮。懂得家庭礼仪就可以享受家庭的乐趣，实现健康而有创造性的家庭生活。在讲究礼仪的家庭里，子女能够从中知道真正的温暖及互敬互爱。这样的家庭就会成为播撒幸福和创造幸福的中心。

第一节 尊敬长辈，常关心勤问候

尊敬长辈是我们中华民族的优秀传统美德，而对长辈的关心和问候更是体现着我们的家教和修养。

◎ 向年迈的父母表达爱和尊重

《礼记》中说：“孝子之有深爱者，必有和气；有和气者，必有愉色；有愉色者，必有婉容。”尊重父母，从和颜悦色开始。对于父母的批评与指教，子女应认真恭听、虚心接受。

与父母发生争执时，要先想想自己在这件事情上有没有做得不太好或者是不对的地方，如果是自己的问题，要自己反省改正错误；如果是父母有什么不对的地方，不要与其争吵，

要坐下来与父母沟通一下，相信父母也会接受你的看法。

要经营父母的存在感，让他们参与到我们的日常生活中，知道我们的事情，觉得我们是在乎于他们的。

当面对一些新的高科技或者新的思想时，如果发现父母的认知有点儿落后，不要当面质疑，让父母觉得他们跟不上时代了，而是要积极引导、鼓励父母、给予他们信心，陪着父母成长。

◎ 真诚宽容地处理婆媳关系

婆媳双方都要对自己有所约束。婆婆不能要求媳妇完全按自己的一套行事，媳妇也不能奢望婆婆完全认同自己的意愿，互相不要强求。这样做可以避免不少矛盾和冲突。

如果婆婆要媳妇去做的事，媳妇未能及时做到，婆婆就应该想到媳妇的难处，家务多，工作忙，一时办不过来，可以再等一段时间。媳妇上班，婆婆照看孩子，如果孩子碰伤了、生病了，媳妇应当体谅婆婆年事已高，精力有限，难免在带孩子时出现差错，不要为此埋怨婆婆。

以宽松的心态相处，婆媳不必过多干涉对方的生活爱好，求同存异，多交流，取长补短，就能进一步融洽关系。

当媳妇的朋友来了，首先要把婆婆介绍给客人，使婆婆感到媳妇对她很尊重。

◎ 女婿待岳父母也要恭敬孝顺

女婿在各种场合都应视岳父母为亲爸、亲妈，而且要自然、亲切。这样做不仅可以亲近两位老人，还能起到沟通感情，融化心理隔阂的作用。

长辈生活经验丰富，应该允许岳父母过问小家庭的生活，允许他们提出意见，欢迎他们批评指教。

平日里多到岳父母家看看老人，和老人聊聊天，干一些家务活，遇到节日、生日买些礼品去祝贺，让老人精神愉快。还可以把岳父母请到自己家中住几天，和自己的女儿多亲近几天，减轻他们的思女之苦，调剂他们晚年的生活。

第二节 不倚老卖老，长辈才能真正赢得晚辈敬重

年龄是老年人在这个世界行走的时间，是对他们阅历积累的肯定，应该被尊重，但不应该被利用，成为压迫晚辈的优势。

◎ 父母在与子女相处时要懂智慧

父母是孩子的第一任老师，所以既要言传更要身教，要事事成为孩子的榜样，把孩子培养成文明社会的一员。

普通家长，用别人家的孩子给娃树立榜样　　聪明的家长，鼓励孩子做自己

父母对子女既要民主亲切，又要注意身份距离，做到有礼有节，角色分明。

多与子女交谈，建立感情，注意发现子女的优点和特长。

子女较多的父母，对孩子要做到一视同仁，不偏袒，正确处理子女的问题。

注意传授个人礼仪、家庭礼仪、待客礼仪，并且维护孩子的人格尊严，不在客人面前教训孩子，不在孩子面前议论老师、长者。

不倚老卖老。对晚辈的关心、照顾，记得表示谢意。生病时，要听从儿女的治疗安排。无聊时，多接触新鲜的事物，学习一些新的技能，让生活充满乐趣。

◎父母的分寸感，是孩子的幸福感

老年人如何处理好家庭关系，处理好与后辈的关系，是一个重要而敏感的话题。它不仅关系家庭和睦、晚辈彼此之间的关系，而且影响老人的身心健康。如何在家庭生活中和睦地相处是一门学问，而长辈与晚辈之间的相处也是家庭生活中的重中之重。

拥有自己的生活

长辈若与晚辈相处时懂得睁一只眼、闭一只眼，家中自会少生许多矛盾，当长辈的也就减少了许多烦恼。

年老的父母与子女相处时，要体谅子女，理解他们的不容易。对于子女们各自组成的小家庭，不应该过多干涉，对待孙子辈的教育问题，要尊重子女的教育理念，不溺爱小孩。

给自己和子女的生活留出一定的空间，营造自己的生活圈子，不过度依赖子女。

遇到不顺心的事情，不要在外人面前对子女、儿媳或女婿评头论足，以免引起误会，更不要在晚辈之间传播闲话，以免造成相互猜忌，影响家庭和谐。

第三节
最好的夫妻关系是彼此相爱，互相成就

相较于古往今来常见的“男强女弱”，在当今社会，“共同成长”才是更为健康的夫妻关系。共同成长，才能看到不一样的风景。

◎ 平等信任，是夫妻关系的基石

夫妻间必须平等相待，绝不可因为社会地位的不同或经济收入的多少等因素而相互歧视。这既是现代社会的人文精神，又是夫妻感情的基础。

夫妻之间应相互信任。不论是有关家庭的决策，还是一方个人工作上

的困惑或计划，都不应由一个人说了算。

很多人在婚后，就特别不在意自己的外在形象，显得很邋遢。其实，一如既往地注意自己的仪容仪表，既是对对方的爱，也使自己在各种场合中更加自信、更能赢得别人的尊重。

◎ 适当的赞美，营造和谐的生活环境

在心理学上，有一个著名的“阿伦森效应”：随着奖励的减少会导致态度逐渐变得消极，随着奖励的增加会导致态度逐渐变得积极。

将“阿伦森效应”运用在夫妻相处的礼仪中，我们会发现：夫妻两人不吝于赞美对方，他们的婚姻就会更加和谐而长久。

适当的赞美与肯定，可以激发一个人的潜能。夫妻没有血缘关系，大多是由陌生到逐渐磨合，最后达到相濡以沫的。感恩是处理好夫妻关系的法宝。

无论是私底下还是在别人面前还要多多地夸赞对方。并且你应让你的妻子或丈夫感觉到，你的确很欣赏她（他）。这是保持家庭生活幸福，增进

双方感情的有效办法。

特别是当对方取得了一定的成绩以后，适时地加以由衷的赞美，会令夫妻感情更进一步。另外，现代社会中人际交往日益频繁，在人际交往的过程中，恰当地将自己配偶的特长、优点介绍给他人，会使自己的配偶产生一种荣誉感和自信心。

尽管你并不很满意对方送给你的衣服，有时不妨也拿出来穿穿。

如果发生矛盾，用批评和谩骂来攻击对方是愚蠢的行为。你可以说“我真高兴你能用心听我说话”，而不是说“你从来就不听我说”。

婚姻专家建议，在婚姻中，夫妻双方不要总是去挑剔对方的缺点。要分清什么是可以容忍的小缺点，什么是对婚姻至关重要的大问题。50% 以上的婚姻不幸福，原因之一就是那些毫无用处，却令人伤心的指责。

◎ 互相关心，共同承担家务劳动

夫妻间的相互关心不仅体现在关心对方的事业、前途等大的问题上，更主要的是体现在日常生活中的细微之处。

夫妻间朝夕相处，共同生活，细微之处的关心体贴，往往是保持和增进夫妻感情的重要因素。日常生活中的许多看似鸡毛蒜皮的小事，都能表达和体现出对对方的关心：如外出前说声“路上慢走”“早点儿回家”；下班或出差归来，说一声“累不累”“休息一下，喝点儿水”等都是必要的。

作为妻子，即使不喜欢丈夫的朋友，偶尔也可主动提议找他们来聚聚。吵架之后，不要在气头上分析争吵的焦点，而应平复一下情绪，出去冷静一会儿再说。

当对方在工作中或其他方面遇到不顺利的事时，想出一个特别的主意，帮助他散散心。

丈夫不应该把家务都推给妻子，而作为妻子也不应该娇气，把自己能做的事都推给丈夫。家务事可以做出不同的分工，这样做起来有条有理，忙而不乱。即使

丈夫再忙，在适当的时候，帮妻子做一些小的家务活，表明你对她的关心、对家庭的责任心，无疑会使夫妻感情更加默契。

◎ 好的夫妻，都很注重仪式感

夫妻之间要注意相处的细节，并会时不时地创造一点儿仪式感。

例如，把电话切断，享受一个没有外人打扰的夜晚。

无论是结婚周年纪念日还是对方的生日，都应该特别庆祝一下。可以一起去旅行、送对方礼物，或者在家里举办一个小型的庆祝活动。这些都可以让夫妻感受到彼此的爱意和重视，同时可以增加婚姻生活的乐趣。

买两件花色相同的运动衫，或者一对咖啡杯，或者相同的太阳眼镜，体验一种新鲜感。

第四节 远亲不如近邻

正所谓“远亲不如近邻”，家庭间的各种交往中，交往最频繁的就是邻里了。邻里关系具有多面性和琐碎性的特点，这种特点形成了邻里交际关系的密切性。因此，当我们在与邻居交往时，一定要注意与邻里之间的礼仪，建立一种良好的邻里关系。

◎ 与邻里交往的原则

互相帮助。在处理邻里关系中互相帮助，邻居有了困难要主动去帮助，被帮助者一定会感激不尽。日后，一旦当你家有了困难，邻居也会鼎力相助。

善于沟通。邻居之间多数是因为曾经闹过矛盾，从此井水不犯河水，或是因为工作忙、性格不同、家务事多，而导致邻里之间交往沟通很少。因此，若想避免许多误会，就要保持邻里之间的关系，加强邻里之间的交往，了解对方。值得注意的是，所谓善于交往，并不是说串门越多越好。人们的生活节奏很快，邻居可能也很忙。在交往中，注意不要打扰对方正常的生活秩序。

遇事协商。这也是邻里间交往的基本方式之一，既表示尊重对方，又能避免发生矛盾。如果家里有些事情可能影响到邻居，那么在做之前就应该主动找邻居商量一下，看邻居有什么意见，或有什么更好的解决办法。

◎ 到邻居家做客的礼仪

如果应邀去串门，那么要注意选择好适当的时间。如果约好具体时间，那当然好。如果没约定具体时间的话，就要避开人家的吃饭时间和休息时间。如果是周六、周日的话，上午 10 点之前是不宜打扰的。

进门前有门铃的要按门铃，没门铃的要轻轻叩门。这样做的目的是告诉对方，你来了，以让对方有个心理准备，而不要冒冒失失地闯进去，让人家吓一跳。

如果是带小孩去做客，一定要教育好小孩不要在别人家里调皮、乱动别人的东西。

如果对方是长辈或是第一次去人家里做客的话，主人没坐你就不能先坐。如果家里有长辈，要主动和长辈打招呼。主人端茶、拿糖果招待的时候，一定要表示感谢。如果有长辈在说话，不但要用心听，还不应该插话。

如果主人有看表、打哈欠等谢客表示，或者快到吃饭时间了，作为客人就应起身告辞了。

如果是请人吃饭的话，那就要提前准备，而不要到了吃饭时间才匆匆忙忙地去做准备，让人家觉得是打扰。

◎与邻居相处的礼仪

友好地对待住在附近、比自己年龄小的孩子；在街上遇见住在附近的叔叔或阿姨时，用他们的姓加上恰当的称呼来同他们打招呼；晚上进行户外活动时要控制音量，如果邻居上了年纪就更应该如此。

养宠物的时候一定要注意，一些宠物时常随地大小便，影响公共卫生，因此主人应带上塑料袋或者旧报纸等，将宠物的排泄物包好扔到垃圾箱，保持公共场所的卫生和美观。出门遛狗，要给狗拴上绳索，不要任它狂吠乱叫、追逐扑咬。遇到老人和小孩，要特别小心，别让他们受到惊吓。如果宠物跑进邻居家闯祸，应该向邻居道歉。

值得注意的是，在你向新搬来的邻居送糕点，或者当你给患病的邻居送食物时，别忘了带上你的孩子。你应该以身作则，教他如何做一个好邻居。

◎ 与邻居交往的禁忌

引起邻里之间大矛盾的往往是一些小事。当事人双方毫不相让，针锋

相对时，矛盾就会升级。

在邻里的交际中，要宽以待人，严于律己，不要做损害他人利益的事。

邻里之间常常见面，来友送客、吵架、欢笑……邻居都会有耳闻。有些人爱看热闹，谁家有了什么事，他们就会添油加醋地传播。邻里交际往往是广泛的交往，有些邻居会把别人家的事情传来传去。这样一来，就会闹得邻里之间矛盾重重。要避免这种现象发生，就不要给搬弄是非者创造机会，自己也不去打听邻居家的私事。如有恶意中伤、毁人名誉的言行，应严肃制止，严重的可诉诸法律。

第六章 有“礼”畅行职场，无“礼”处处碰壁

在复杂多变的职场中，无论是求职者与面试者，还是上下级、同事之间的交往，都离不开职场礼仪，它是现代社交礼仪的主体之一。职场礼仪已经成为能否处理好与同事之间的人际关系，能否顺利进行工作的关键要素。

第一节

面试也需要精心准备

细节决定成败。接到面试通知就等于获得了这个岗位 50% 的机会，最后的成功就取决于面试时的表现。因此，求职者不仅要展现出自己的才华，还要遵循面试时的礼仪，留心每一个细节，争取给面试官留下最好的印象。

◎ 准备大方美观的简历

多数求职者希望有一份个性突出、设计精美、能给用人单位留下深刻印象的简历。将相关的经验、业绩、能力、性格等简要地列举出来，以达到推荐自己的目的。

选一张可人的、端正大方的彩色或黑白证件照片郑重地、小心地贴在简历的右上角。

用人单位主要通过学历情况了解应聘者的智力及专业能力水平，一般应写在前面。习惯上，书写学历的顺序是按时间的先后，但用人单位更重视最高学历，最好从最高学历开始往前写，写到中学即可。

毕业文凭和奖励证书，包括各种技能、英语水平证书、资格证、培训证，是复合型人才的素质能力的最佳物质载体，在简历中要体现出来，但是千万不要作假。

◎ 邮箱投递简历的礼仪

现在，虽然有很多直聘平台已经模糊了投递简历的概念，可以直接进行沟通，但还是有很多人都会选择用邮箱向目标企业投递简历。邮箱投递简历有一些基本的礼仪。

简历名称或者邮件主题不能空。为了更方便招聘者开展工作，可以将简历名称或邮件主题统一改成：姓名 + 应聘岗位名称 + 学历 + 联系方式。

简历文件最好是 PDF 格式。如果用

Word 或者 PPT 文件，一来有可能因为你和对方使用的软件版本不同，导致其无法打开你发送的文件，二来你设置好的排版字体等，在不同的设备上查看时，排版错乱甚至乱码的概率极大。

以“附件 + 正文”的形式发送。以附件的形式发送简历，然后在正文中以图片格式再贴一次，可以增加简历被看到的概率。

正文不能空，格式要规范。保持礼貌是发送邮件的重要原则。开头请一定要顶格写明“尊敬的先生 / 女士”这是基本礼仪。在无法确认对方性别时，使用“先生 / 女士”是比较保险的做法，如果贸然给收件人定性别，对方的心情该有多复杂。正文内容可以简明扼要地介绍自己，同时点明自己的突出优势，指明想要投递的岗位。

落款要共创目标。可以在落款处写明自己下一步的计划，比如说明“我 ×× 时间方便面试”。假如你还没去面试公司所在城市，你也可以说明情况，并写上“如果我有幸得到贵公司的面试机会，我可以接受视频面试的形式”。

◎ 注重面试时的装扮

一个人对另一个人的印象和观感，在初次见面时的短短几分钟内已经形成，这个印象无形中左右着面试官的判断。因此，求职者一定要注重求职时的外表形象。

面试着装

面试时应当穿着正式的服装，但不宜佩戴太多的饰物，这不仅容易分散面试官的注意力，还可能给面试官留下不成熟的印象。

面试时服装的选择应该与职位要求相匹配。

女士化清新的淡妆会给人一种舒适、靓丽的感觉。裙装的长度应在膝盖间或以下，太短有失庄重。面谈时应穿高跟鞋，最好避免穿平底鞋。

男士面试前应注意修整头发，保持头发清洁。如果头发过长，应修剪一下，不要有颜色夸张怪异的染发。正式面试时，要穿长裤并熨烫无褶皱。

◎ 面试举止要落落大方

进入面试官办公室时，必须先敲门再进入，经对方示意允许后，才可以就座。如果有指定的座位，则坐到指定的位子上。若未指定位置时，可以选择面试官对面的位子坐定，这样方便与面试官面对面交谈。落座后，上身要保持直立状态，既不前倾，也不后仰。双手自然下垂，肩部放松，五指并拢。

当面试官要求你做自我介绍时，因为基本信息都已事先附在简历上，所以简要介绍几句即可，以半分钟左右为佳。语气要自然，语速要正常，语音要清晰洪亮。

与面试官交谈时，应当礼貌地正视对方。目光可三秒钟移动一下，注视的部位最好是面试官的鼻眼三角区，目光平和而有神，眼神不要因紧张而飘忽不定。

谈话结束后，面试者应当向面试官道谢，也可以握手表示感谢。

◎ 面试后的礼貌沟通

在一般情况下，面试组每天面试结束后，都要进行讨论和投票，然后送人事部门汇总，最后确定录用人选，这个过程可能要 3 ~ 5 天。求职者在这段时间内一定要耐心等候消息，不要过早打听面试结果，以免让招聘者产生不好的印象。

周一上午、周五下午，或者每天刚上班的第一个小时和下班前的一个小时，休息时间，用餐时间，不宜打电话询问面试结果。这个时间段内招聘者不是在忙着安排一天的工作，就是在集中精力处理公事。

如果平时是通过电子邮件的途径和公司联系的话，那么在面试结束后，发一封电子感谢信，是既方便又得体的方式。

第二节 同事相处要有“礼”

同事间的相处是一门学问。与同事相处得如何，直接关系到自己的工作、事业的进步与发展。因此，掌握同事之间相处的礼仪是很重要的。

◎ 领导与下属平等相处

不要居高临下。领导是公司权力的拥有者，在有些场合，出于工作需要，确实可以强调自己的身份、地位，以利于充分发挥权力的职能作用。但是，千万不能因为自己拥有一定的权力就可以处处高人一等，处处以严肃的面孔示人，给人以居高临下的感觉，这样你的下属就会觉得你面目可憎，从而不愿接近你，你也就难以与下属建立融洽的上下级关系。

批评注意场合。在工作中，员工避免不了会犯错误，因此领导要想纠正错误、批评员工一定要注意场合，最好是在没有第三者在场的情况下进行，否则，再温和的批评也有可能会刺激受批评人的自尊，让他会觉得在同事面前丢了面子，甚至在心里责怨你动机不善。

适当奖励。如果你的下属工作勤恳，十分卖力，长期默默地为你工作，使你的公司蒸蒸日上；如果你的下属经常给你提出一些合理化的建议，使你深受启发；如果你的下属具有良好的表现、给公司带来收益、为公司作出贡献，那么你作为领导，千万不要吝啬自己的腰包，要不失时机地给下属发一个红包。这会让所有的员工都感觉到，自己的努力没有白费。

多多关心。作为领导不仅要在工作上给予下属帮助，还要在生活上给予下属关心、照顾。同时，要努力营造企业的良好环境，把每个员工都当作家庭一员来对待，营造家的温馨，才能形成亲和力和向心力。

不吝啬赞美。一个管理者必须是第一个注意到下属优秀表现的人，并且称赞他们。假如一个员工老是得不到肯定的话，那么他今后肯定会失去对工作的兴趣，失去工作的主动性。领导随时给员工必要的鼓励，可以达到激励士气、鼓舞人心的效果。

不要嫉贤妒能。领导不可能在各方面都表现得出类拔萃，而下属在某些方面也必然会有某些过人之处。作为领导，可以经常给下属机会，比如接待客人时，将本单位的业务骨干介绍给客人；在一些集体活动中，有意地突出一下某位有才能的下属的地位。这样做，可以进一步激发下属的工作积极性，更好地发挥他们的才干。相反，如果领导嫉贤妒能，压制人才，就会造成领导和下属的关系紧张，不利于工作的顺利开展。

◎下属与领导拉近距离

公司的领导，一般具有较高的威望、资历和能力，有很强的自尊心。作为下属，应当维护领导的威望和自尊心。在领导面前，应有谦虚的态度，避免顶撞领导，特别是在公开场合，即使与领导的意见相左，也应在私下沟通。

对上级的称呼应该严肃，要分清场合，正式场合还需使用正式称呼。

与领导见面时，应率先热情主动地与领导打招呼。当你想与领导打招呼时，刚好赶上领导与其他人谈话。此时，你应该向他微笑点头以示敬意。

不要开领导的玩笑。领导永远是领导，不要期望在工作岗位上能和他成为朋友。即便你们以前是同学或是好朋友，也不要自恃过去的交情与领导开玩笑，特别是在有别人在场的情况下，更应格外注意。

◎ 和同事和睦相处

保持距离。与同事相处，太远了固然不好，人家会认为你不合群、孤僻、不易交往；太近了也不好，容易让别人说闲话，而且也容易令上司误解，认定你是在搞小圈子。

尊重彼此。同事之间的关系是以工作为纽带的，一旦失礼，创伤难以愈合。所以，处理好同事之间的关系，最重要的是尊重对方。

有团队精神。单位里发物品、领奖金等，你先知道了，或者已经领了，不要一声不响地坐在那里，应该向大家通报一下，有些东西可以代领的，也应帮人领一下。这样几次下来，别人就会对你有了更好的印象，觉得你有团队意识和协作精神。

互相关照。同事出差去了，或者临时出去一会儿，这时正好有人来找他，或者正好来电话找他，如果同事走时没告诉你，但你知道，你不妨直接告诉他们；如果你确实不知道，那不妨问问别人，然后再告诉对方，以显示自己的热情。明明知道，而你却说不知道，一旦被人知晓，那彼此的关系就势必受到影响。

互相告知。你有事要外出一会儿，或者请假不上班，虽然批准请假的是领导，但你最好要同办公室里的同事说一声。即使你临时出去半个小时，也要与同事打个招呼。这样，倘若领导或熟人来找，也可以让同事有个交代。

◎ 办公室的不合“礼”行为

不在办公室里打私人电话。很多人常常在工作时间给亲朋好友打电话，这样做不仅占用了工作的时间，影响工作效率，还大大影响了其他同事对你的印象。有很多小事，包括上班打私人电话、聊天、迟到（哪怕是几分钟），这样的事只要你做过一次，在别人眼里可能就代表你经常做。而且长时间因打电话怠工也许还会传到老板的耳朵里，万一因为这小小的原因而丢了工作，这样就得不偿失了。

不在办公期间化妆、打扮。有些女同事在办公期间非常注重自己的形象。经常拿起化妆盒补妆。这样做不仅没有维护好自己的形象，反而让别人产生不好的印象，认为你只知道注重打扮，而不用心工作。

第三节 练就职场高情商沟通

办公室是人与人交往最频繁的地方，同事之间的相处更是靠语言来沟通的，因此，在职场中，好好说话不仅仅是一种技能，更是一门艺术。

◎ 和领导汇报工作要守时

向领导汇报工作情况，是下属的一项重要工作内容。

遵守时间是汇报工作最基本的礼仪。下级向上级汇报工作，务必准时按约定的时间到达。就算万一因为有事而不能及时赴约，也要尽可能有礼貌地及早告知领导，并以适当方式表示歉意。到领导的办公室去汇报工作，还要讲究敲门的礼仪，不能急于破门而入，而应该先轻轻地敲门，等听到招呼后再进去。汇报期间，应该注意自己的仪表、姿态，要站有站相，坐有坐相，做到文雅大方，彬彬有礼。

◎ 使用正式规范的语言

在职场中，我们要尽量使用正式、规范的语言，避免使用口语化的表达方式。同时，我们也要注意语速和音量的控制，确保说话清晰易懂，不会让对方感到困惑或不舒服。

使用恰当的词语和措辞也是非常重要的，可以让我们的讲话更加精准、准确地传达信息。

我们要尊重对方的职业和个人背景，不要使用带有歧视性、贬低性的语言。在表达意见时，我们要根据实际情况选择适当的方式，尽量避免冲突和争吵，保持积极的沟通氛围。

◎ 礼貌用语不离口

要尽量使用尊称，并善于使用一些约定俗成的礼貌用语，如“您”“谢谢”“对不起”等。

要多使用文明用语，在语言的选择和使用中，应当既表现出使用者良好的文化素质、待人处事的诚恳态度，又能够令人产生优雅、温和、脱俗之感。

微信、钉钉等办公沟通平台，线上沟通互动的时候要注意措辞，尊重对方，敬语必不可少，不要出现生硬和不善意的交流。重要事项可打电话或当面沟通。

谦语与敬语一样，也是一种礼貌性语言，而谦语大多是自称。在办公室内虽然没有必要这般谦卑，但适当地使用一些谦语会提升你的形象，给同事留下一个谦虚、诚恳的印象，从而赢得办公室的好人缘。

◎职场高情商话术

在与同事说话时，多用陈述句，少用反问句。

领导让下属把文件打印 3 份，而下属却只打了 1 份，不要反问下属“为什么只打印了 1 份”，而要对下属说“这份文件需要 3 份，你再去打印 2 份”。反问句通常带有质疑、否定和责备的情绪，而陈述句则不会有这种情绪。

恰到好处的请教句型：我很想知道您对某件事情的看法……

有时候，与领导在电梯或某处独处一个空间，不得不说点儿话以避免冷清尴尬的局面，这也是个让你能够赢得领导青睐的绝佳时机。说什么是个关键：每天的例行公事，不合适；谈天气嘛，让领导对你留不下什么印象。此时，最恰当的莫过于说一个跟公司前景有关，而又发人深省的话题。问一个大老板关心又熟知的问题，当他滔滔不绝地诉说心得的时候，你不仅获益良多，也会让他对你的求知上进之心刮目相看。

不着痕迹地减轻工作量的句型：我知道这件事很重要，不过能不能先查一查我们手头上的工作，按照重要程度排出优先顺序再进行？

如果领导交给你的工作堆积到一起，你可以先肯定工作的重要性，然后请领导将工作排出优先顺序，这样就可以不着痕迹地告诉领导你的工作量很重，有些工作可以延后或者交给其他人处理。

◎职场言语禁忌

有分寸。在办公室里，同事每天见面的时间最长，谈话可能涉及工作以外的各种事情，“讲错话”常常会给你带来不必要的麻烦。同事与同事间的谈话，如何掌握分寸就成了人际沟通中不可忽视的一环。

不八卦。只要人多的地方，就会有闲言碎语。有时，你可能不小心成为“放话”的人；有时，你也可能是别人“攻击”的对象。这些耳语，比如领导喜欢谁，谁最吃得开等，就像噪声一样，影响人的工作情绪。聪明的你，要懂得该说的就勇敢地说，不该说的就绝对不要乱说。

不争辩。有些人喜欢争论，一定要胜过别人才肯罢休。假如你实在爱好并擅长辩论，那么建议你最好把此项才华留在办公室外去发挥，否则，即使你在口头上胜过对方，但其实是你损害了他的尊严，对方可能从此对你怀恨在心，说不定有一天他就会用某种方式报复你。

不吹嘘。有些人喜欢与人共享快乐，但涉及你工作上的信息，比如，即将争取到一位重要的客户，老板暗地里给你发了奖金等，最好不要拿出来向别人炫耀。只怕你在得意忘形中，忘了某些人的眼睛已经发红。

不吐槽。有许多爱说话、性子直的人，喜欢向同事倾吐苦水。虽然这样的交谈富有人情味，能使你们之间变得友善，但是研究调查指出，只有不到1%的人能够严守秘密。所以，当你的个人危机发生时，你最好不要到处诉苦，不要把同事的“友善”和“友谊”混为一谈，以免成为办公室的注目焦点，也容易给老板留下问题员工的印象。

第四节 职场用餐的礼仪秘密

有些单位没有统一的食堂，因此通常要把饭菜买回来在办公室里吃。与同事一起用餐是一件令人愉快的事情，大家在一起有说有笑。但是公司毕竟是工作的地方，无论是上班时间还是休息时间都要注意自己的形象。因此，在办公室里用餐也要讲究相应的礼仪。

◎ 忌怪味

在办公室用餐时，不要将有强烈味道的食品带到办公室。即使你喜欢，也会有人不习惯的。这种强烈的气味不仅会弥散在办公室里，而且还会损害办公环境和公司形象。也不要食用那种弄得乱溅以及吃起来声音很响的食物，以免影响他人。

◎讲卫生

用餐时最好事先准备好餐巾纸，如果吃饭时嘴上不小心沾满了油腻，应该用餐巾纸及时擦拭，而不要用手擦拭。如果嘴里含有食物时，不要贸然和同事讲话，如果在说话时不小心将食物喷出，就有失大雅了。同样要记住，在他人嘴里含食物时，最好等他咽完再对他讲话。如果食物掉在地上，要马上捡起来扔掉。

◎速战速决

值得注意的是，在办公室吃饭的时间，不要拖延得太长。他人可能已经按时进入工作状态，也可能有性急的客人来访，如果发现还有没吃完饭的人，双方都会有点儿不好意思。

◎ 饭后收拾

吃完饭后必须做的事情，就是将桌面和地面打扫一下。一次性餐具最好立刻扔掉，不要长时间摆在桌子或茶几上。如果突然有事情耽搁，也要记得礼貌地请同事代劳。容易被忽略的是饮料罐，只要是开了口的，长时间摆在桌上总是有损办公室雅观。如果不想马上扔掉，或者想等会儿再喝，应把它藏在不被人注意的地方。

第七章　合理合“礼”，商务活动中体现相互尊重

在商务活动中，礼仪是人们交流感情、建立友谊和开展各种活动的桥梁和纽带，得体的举止在很大程度上直接影响到活动的成败。因此，商务人员若能懂得并能够得体地使用商务礼仪，将会给事业的成功带来理想的效果。

第一节

商务谈判有技巧

商务谈判是促进经济发展的一种活动，所以方方面面都受到礼仪的约束，也唯有礼仪能促使企业形象提升。因此，尊重谈判礼仪也是对企业发展负责的一种表现。

◎谈判的准备

参与正式的商务谈判时，与会人员一定要注重外在形象，把整洁、得体、端庄的外表展现在众人面前。

谈判之初，谈判双方接触的第一印象十分重要，言谈举止要尽可能营造出友好、轻松的良好谈判气氛。做自我介绍时要自然大方，被

介绍到的人应起立并微笑示意。询问对方要客气，如有名片，要双手接递。介绍完毕，可选择双方共同感兴趣的话题进行交谈。稍做寒暄，以沟通感情，创造温和气氛。

谈判之初的重要任务是摸清对方的底细，因此要认真听对方谈话，细心观察对方的举止表情，并适当给予回应，这样既可了解对方意图，又可表现出尊重与礼貌。

按照谈判地点的不同可分为四类：

将谈判地点安排在主体方，可以使东道主拥有较大的主动性。

将谈判地点安排在客体方所在单位，这样可以使客体具备一定的优越性，掌握谈判的主动权。

地点既不安排在主体方也不设在客体方，这样可以避免外界因素

干扰。

将谈判地点主客互换，这种谈判对双方都比较公正。

如果谈判桌的摆放采取横放制，主方人员应面对门而坐，客方应背对门就座。双方主谈判者可居中就座，其他人员按照职位、级别，以先右后左的顺序分别在各自方就座。双方主谈者的右侧之位，在国内谈判中可坐副手，而在涉外谈判中则可视为译员的专座。如果谈判桌的摆放采取竖放制，具体排位时以进门的方向为准，客体方应在左侧方就座，而主体方选择右侧方就座。双方主谈判和其他人员的具体座次安排与谈判桌横放制相仿。

多方同时进行谈判时，各方谈判人士可自由就座或设立一个主席台。

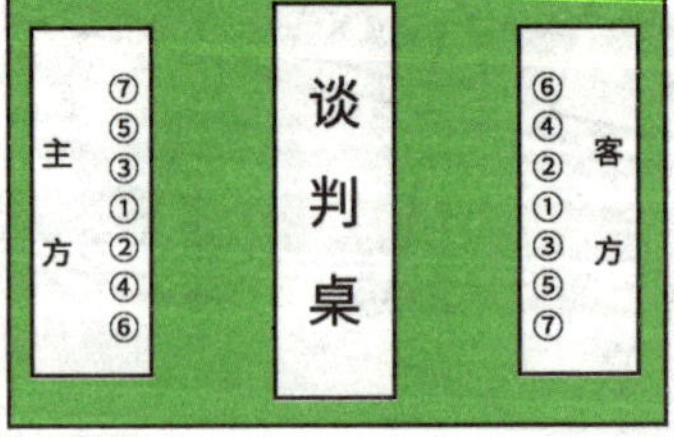

双边谈判桌

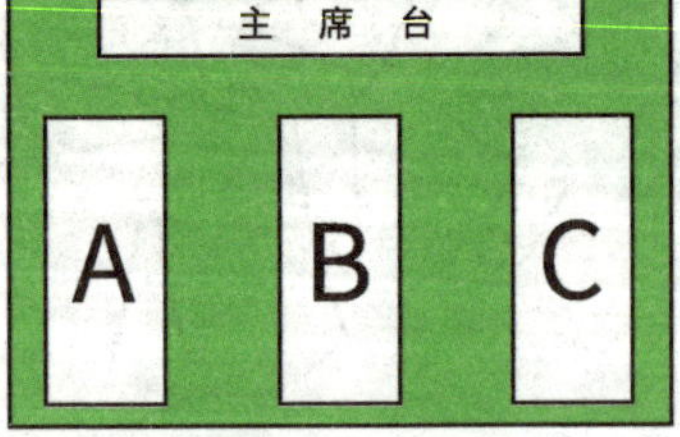

多边谈判桌

主席台应设立在面对正门的位置，是专门为各方发言人讲话时准备的。其他人员一律面对主席台就座。各方人士发言后应自动离开主席台。

◎ 谈判过程中的礼仪

在商务洽谈进程中，应始终如一地与洽谈对手以礼相待，事事表现出真诚的敬意。坚持平等协商，没有高低、贵贱之分，双方应相互尊重。

洽谈各方在洽谈中要通过协商求得谅解，而不是通过强制、欺骗手段来达成一致。要明确双方之间的关系，要做到人与事分别而论，谈判桌上是对手，谈判桌外是朋友。

在谈判过程中，要将“礼仪”摆在首位。在任何情况下，都应本着心平气和、彬彬有礼、互敬互爱的原则与谈判对手和平相处。即使产生利害冲突，也要时刻保持绅士风度。最好是站在对方立场上考虑问题，这样对出现双赢的局面有很大帮助。

◎ 谈判小技巧

有一位教徒问神父："我可以在祈祷时抽烟吗？"他的请求遭到神父的严厉斥责。而另一位教徒又去问神父："我可以吸烟时祈祷吗？"后一个教徒的请求却得到允许，悠闲地抽起了烟。

这两个教徒发问的目的和内容完全相同，只是谈判语言表达方式不同，但得到的结果却完全相反。由此看来，表达技巧高明才能赢得期望的谈判效果。

谈判的语言技巧在营销谈判中运用得好可以带来营业额的高增长。某商场休息室里经营咖啡和牛奶，刚开始服务员总是问顾客："先生，喝咖啡吗？"或者是："先生，喝牛奶吗？"其销售额平平。后来，老板要求服务员换一种问法，"先生，喝咖啡还是牛奶？"结果其销售额大增。原因在于，第一种

问法，容易得到否定回答，而后一种是选择式，大多数情况下，顾客会选后一种。

第二节 商务拜访也需精心准备

◎ 拜访的准备礼仪

最基本的礼仪是在拜访之前提前预约。通常情况下，应提前三天给被访者打电话，简单说明拜访的原因和目的，确定拜访时间，经对方同意以后才能前往。拜访必须明确目的，出发前对此次拜访要解决的问题应做到心中有数。

拜访者的仪容仪表，对拜访效果有直接影响。一般情况下，登门拜访时，应该穿比较正式的

服装。

准备礼物。礼物可以联络双方的感情，缓和紧张的气氛，所以在礼物的选择上要慎重。要有针对性地选择礼物，尽量让对方满意。

◎ 拜访中的礼仪

守时践约。拜访他人可早到却不能迟到，这是拜访活动中最基本的礼仪之一。值得注意的是，如果因故不能如期赴约，必须提前通知对方，通知时一定要说明失约的原因，态度诚恳地请对方原谅，必要时还需约定好下次拜访的日期、时间。

要进行通报。进行拜访时，倘若抵达约定的地点之后，未与拜访对象直接见面，或是对方没有派人员在此迎候，则在进入对方的办公室或私人居所的正门之前，有必要先向对方进行一下通报。

登门要有礼。拜访时，应先轻轻敲门或按门铃，当有人应声允许进入或出来迎接时方可入内。敲门

不宜太重或太急，一般轻敲两三下即可。切不可不打招呼擅自闯入，即使门开着，也要敲门或以其他方式告知主人有客来访。

进门后，拜访者随身带来的外套、雨具等物品应搁放到主人指定的地方，不可任意乱放。对室内的人，无论认识与否，都应主动打招呼。如果你带孩子或其他人来，要介绍给主人，并教孩子如何称呼主人。

见面后，打招呼是必不可少的。如果双方是初次见面，拜访者必须主动向对方致意，简单地做自我介绍，然后热情大方地与被拜访者握手。如果双方不是初次见面，主动问好致意也是必要的，这样可显示出你的诚意。

主人端上茶来，应从座位上欠身，双手捧接，并表示感谢。

和主人交谈时，应注意掌握时间。有要事必须与主人商量或向对方请教时，应尽快表明来意，不要东拉西扯，浪费时间。在一般情况下，礼节性的拜访，尤其是初次登门拜访，应控制在一刻钟至半小时。最长的拜访，通常也不宜超过两个小时。有些重要的拜访，往往需由宾主双方提前议定拜访的时间和时长。在这种情况下，务必要严守约定，绝不可单方面延长拜访时间。

自己提出告辞时，虽主人表示挽留，仍须执意离去，但要向对方道谢，并请主人留步，不必远送。在拜访期间，若遇到其他重要的客人来访，或主人一方表现出厌客之意，应当机立断，知趣地告退。

第三节
商务接待要热情周到

◎ 商务接待的礼仪

要想做好提前准备，方便制定接待方案，就要了解来客人数、工作单位、级别、性别、姓名、职业、客人来访的目的、要求等。根据客人的基本情况，决定接待人员的分组，详细地列出陪同人员及迎送人员名单。事

先准备好即将启用的交通工具，预算支出费用，从而方便日后的工作，并制定出接待过程中的活动方式及日程安排。在接待方案制定好以后，报送领导审批。

良好的服务是必不可少的，在客人到来之前，按照客人的具体情况安排食宿。为客人准备的住宿环境必须整洁、安静。

接待人员在商务接待中起着非常关键的作用。接待人员要求品貌端正，举止大方，口齿清楚，具有一定的文化素养，接受过专门的礼仪、形体、语言、服饰等方面的训练。服饰要整洁、端庄、得体、高雅，女性应避免佩戴过于夸张或有碍工作的饰物，化妆应尽量淡雅。

客人抵达后，因旅途劳顿，不宜立即谈公事。最好先将其安顿在待客厅或会议室休息，并端上茶水或饮料等，然后告诉客人就餐地点、时间，并将自己的联系方式留下，以便及时联络。也可以陪客人聊一会儿，介绍一下当地的名胜古迹、人文趣事。但时间不宜过长，稍做介绍后，就应转身离开，给客人留下充足的休息时间。

客人食宿问题安排好以后，应该按照接待方案组织客人参与一系列活动，如商务洽谈、参观游览等。活动结束后，安排时间让有关领导和客人见面，以示对客人的尊敬。

◎ 接待人员的引导方法和引导姿势

在走廊的引导方法。接待人员在客人两三步之前，配合步调，让客人走在内侧。

在楼梯边的引导方法。当引导客人上楼时，应该让客人走在前面，接待人员走在后面，若是下楼时，应该由接待人员走在前面，客人在后面，上下楼梯时，接待人员应该注意客人的安全。

在电梯边的引导方法。引导客人乘坐电梯时，接待人员先进入电梯，等客人进入后关闭电梯门；到达时，接待人员按“开”的按钮，让客人先走出电梯。

客厅里的引导方法。当客人走入客厅，接待人员用手指示，

请客人坐下，看到客人坐下后，才能行点头礼离开。

◎ 商务请帖要正式

请帖，也叫请柬，是人们举行吉庆活动或某种聚会时，为表示对客人的尊重，专门向邀请对象发出的邀请文书。它既是我国的传统礼仪文书，也是国际通用的商务社交文书。

请帖的形式有折叠式、正反式、竖式、横式等，后两者比较常用。

横式的请帖应把被请人姓名顶格书写，其下正文写邀请内容，第三部分是落款、地址和电话。竖式请帖一般都用比较文雅的语言。

画展、音乐会、报告会等一类活动的请帖，如能同时附上节目单、报告目录或其他资料，当最为妥帖。

很多时候，接到请帖的人并不一定都来，活动的组织者对此也要有一定的心理准备，应多发一些请帖，以邀请到预计的人数。不过，为了更准确地把握来客情况，有的请帖应请被邀请人回复某些情况，即回执。接到带回执的请帖，应将回执填好寄回，或者打电话回复有关情况。

有的请帖只能在对方同意应邀的前提下才能发出。比如，请人做某行业的知识、技术讲授，作报告或为自己做其他事情等，请帖要在征得对方同意的前提下发出。同样是这种情况，征得了对方同意，但也应将请帖及时送上，否则也是不礼貌的。

另外，无论是递交还是寄交，都应该把握请帖发出的时间。寄交的则必须估算出足够的邮递时间，否则就可能使被邀人接到请帖时，活动已经

开始了，或是根本来不及准备。值得注意的是，一般的请帖都应该加封，寄出的尤应如此，递交的则可不封口。这方面草率了，就会给人家不那么正式的感觉。

第四节 懂点儿约定俗成的宴会礼仪

◎ 宴会前需用心准备

确定人员。宴会之前，应按照宴请所要达到的目的，列出被邀请宾客的名单。确定主宾、副主宾以及陪同客人。宴请时间应以主宾最合适的时间来确定，以多数宾客能来参加宴会为准则。宴会场所的选定，要考虑生活习惯、民族差异及宗教信仰等方面的因素。

座位的安排。排座次是整个中国饮食礼仪中最重要的一部分。通常情况下，家宴首席为辈分最高的长者，末席为辈分最低者。敬酒时自首席按顺时针方向一路敬下，若是圆桌，则正对大门的为首席。如夫人出席，通常把女方安排在一起，即主宾坐男主人右上方，其夫人坐女主人右上方。若为八仙桌，如果有正对大门的座位，则正对大门一侧的右位为主客。如果不正对大门，则面东面一侧右席为首席。如果为大宴，桌与桌间的排列讲究首席居前居中。

商务宴会座次安排

◎ 主人的礼仪——宾主尽欢

邀请。宴会的成功是与主人的热情好客、慷慨招待和细致周到的组织安排分不开的。主人的职责就是使每一位来宾都感到自己是受欢迎的。主人宴请，无论是出于什么原因和目的，都应提前对客人发出口头或书面邀请，并依照客人的习惯、特点安排好请客时间、地点等事宜。

迎客。在宴会开始前，主人应该站立门前笑迎宾客，晚辈在前，长辈居后。对每一位来宾，要依次招呼，待客人大部分到齐之后，再回到宴会场所中来，分头跟客人招呼、应酬，不可只注意应酬一两个而冷落了其他的客人。

地主之谊。入席前主人应尽可能地亲自递烟倒茶。上菜后，主人要先向客人敬酒。此后每一道菜上来，都要先举杯邀饮，然后请客人“起筷”。要照顾到客人的用餐方便，及时调换菜点或转动餐台，遇到有特殊口味的客人更要及时调换。

当一道菜端上桌时，主人可简单介绍一下这道菜的色、香、味等特色。如果是家宴，当客人对某一道菜表示特别的兴趣时，主人还可简单介绍这道菜的烹饪方法；当餐桌上的客人有主次、长幼之分时，每一道菜上来，主人应先请主客或老者品尝；当客人相互谦让、不肯下筷时，主人可站立

起来，用公筷、公匙为客人分菜。当客人对某道菜表示婉谢时，应予以谅解，不强人所难。不管客人口味如何，将菜硬堆到人家碗里，是不礼貌的。

送客。宴席散后，主人要亲自到门口恭送客人离去。对那些在宴请中照顾不周的客人，应说几句抱歉和感谢之类的话，并等客人上车走远以后，方可离去。

◎ 做客的礼仪——体现教养

客人赴宴前应根据宴会的目的、规格、对象、风俗习惯或主人的要求考虑自己的着装，着装不得影响宾主的情绪和宴会的气氛。

如果主人安排好了菜，客人就不要再点菜了。如果你参加一个尚未安排好菜的宴会，就要注意点菜的礼节。点菜时，不要选择太贵的菜，同时不宜点太便宜的菜。太便宜了，主人反而不高兴，认为你看不起他。如果最便宜的菜恰是你真心喜欢的菜，那就要想点儿办法，尽量说得委婉一些。

主人举杯示意开始，客人才能用餐。面对一桌子美味佳肴，不要急于动筷子，须等主人动筷，说“请”之后才能动筷，进餐时举止要文明礼貌。

在夹菜时，要使用公筷，不要取得过多，吃不了剩下不好。在自己跟前取菜时，不要伸长胳膊去夹远处的菜，更不能用筷子随意翻动盘中的菜。另外，进食时尽可能不要咳嗽、打喷嚏、打哈欠、擤鼻涕，万一不能抑制，要用手帕、餐巾纸遮挡口鼻，转身，脸侧向一方，低头，尽量压低声音。

宴会上互相敬酒，能表示友好、活跃气氛，但切勿饮酒过量。作为主宾参加宴会，一定要懂得宴会上祝酒的礼节，了解对方祝酒的习惯，为何人祝酒、何时祝酒等，以便做必要的准备。碰杯时，主人和主宾先碰杯，人多时可举杯示意，不一定碰杯。祝酒时不要交叉碰杯。在主人和主宾祝酒时，应暂停进餐，停止交谈，注意倾听，且不应借此机会抽烟。主人和主宾讲完话与上席人员碰杯后，往往要到其他各桌敬酒，客人应起立举杯，碰杯时，要目视对方致意。

如果酒量还能够承受，对主人敬的第一杯酒应喝干。同席的客人可以相互劝酒，但不可以任何方式强迫对方喝酒，否则便是失礼。自己不愿或不能喝酒时，可以谢绝。

客人在席间或在主人没有表示宴会结束前离席是不礼貌的行为。如果席间就已经准备中途告别，最好在宴会开始之前就向主人说明理由，并表示歉意，届时向主人打个招呼便可悄悄离去。如临时有事需要提早告别，同样应向主人说明理由，并表示歉意。值得注意的是，中途道别应选好时

机，不要选择在席间有人讲话时或刚讲完话之后。这容易让人误以为告辞者对讲话者不耐烦。最好的告别时机是在宴会告一段落时，如宾主之间相互敬了一轮酒或客人均已用完饭后。

◎ 中餐宴会中使用筷子的礼仪

筷子虽然用起来简单、方便，但也有很多规矩。比如：不能举着筷子和别人说话，说话时要把筷子放到筷架上，或将筷子并齐放在饭碗旁边。不能用筷子去推饭碗、菜碟，不要用舌头去舔筷子上的附着物，也不要举着筷子却不知道夹什么，更不能用筷子拨盘子里的菜。在用餐时如需临时离开，应把筷子轻轻放在桌子上碗的旁边，切不可插在饭碗里。现在很多宴席实行公筷、公匙，不能用个人独用的筷子、汤匙给别人夹菜、舀汤。

筷子的使用禁忌

忌用筷子指着别人

忌用嘴嘬筷子

忌用筷子敲碗

忌用筷子在公用的碗里搅和

◎ 西餐宴会礼仪——优雅得体

西餐宴席上使用的餐具主要有刀、叉、匙、盘、碟、杯等。餐具一般在就餐前就已摆好，放在每人面前的是食盘或汤盘。盘居中，左边放叉、右边放刀。刀叉的数目与菜的数目相当。

一般是左手拿叉，右手拿刀。拿叉的姿势是用左手拇指、食指、中指拿住叉。拿刀的姿势是用右手食指压在刀背上，其余手指拿住刀把。使用刀叉的顺序是按上菜的顺序，由外至里排列。吃鱼、肉、菜的刀叉都有区别，盘子上方放匙，小匙吃冷饮，大匙喝汤用。再上方为酒杯，从左到右排成一排，顺序由小到大，分别用于饮各类酒。面包碟放在匙的左方，匙的右方是黄油碟，碟内有专用小刀。

如果你暂时不会用西式餐具没关系，跟着主人或其他人学就行了。叉子若不与刀并用，可用右手持叉取食。右手持刀时，则用左手持叉。进餐期间，刀叉尽量不要发出声音。如临时离座，刀叉在盘内摆成“八”字形，表示尚未用完。用毕，并排横斜放盘内，柄朝右。

参加正式西餐宴会最得体的入座方式是从左侧入座。用餐时的姿势要优雅大方，坐姿端庄稳重，腰背挺直，手要放在膝盖上，不要把胳膊支在桌子上。取食时不要站立起来，坐着拿不到的食物应请别人传递。

用餐时打嗝是西餐礼仪最大的禁忌，万一发生此种情况，应立即向周围的人道歉。在进餐过程中，不要解开纽扣或当众脱衣。在餐桌边化妆，或用餐巾擦鼻涕，都是不礼貌的行为。

就餐时，每次送入口中的食物不宜过多，在咀嚼时不宜说话，更不可主动与人谈话。对自己不愿吃的食物也应要一点儿放在盘中，以示礼貌。饮酒干杯时，即使不喝，也应该将杯口在唇上碰一碰，以示敬意。当别人为你斟酒时，如不要，应以手稍盖酒杯，表示谢绝。吃鱼、肉等带刺或带骨头的菜肴时，不要直接往外吐，可用餐巾捂嘴轻轻吐在餐巾上，再放入盘内。吃面条时要用叉子先将面条卷起，然后送入口中。

端拿咖啡杯时，不要用手指穿过杯耳，也不要双手握杯，而是用拇指和食指捏住杯把儿。喝咖啡时不要大口吞咽，更不能发出响声。添加咖啡时，不要把咖啡杯从咖啡碟中拿起来。给咖啡加糖时，要用匙舀取砂糖，直接加入杯内。饮用咖啡时，咖啡匙应放在杯盘上，而不能留在杯内。若咖啡太烫，应等其自然冷却后再饮用，千万不要用嘴去把咖啡吹凉。

葡萄酒是西方人常用的佐餐饮料，所以一般都是先点菜，再根据菜的需要点酒。

按照通常的惯例，在开瓶前，应先让客人阅读酒标，确认该酒在种类、年份等方面与所点的是否一致，再看瓶盖封口处有无漏酒痕迹，酒标是否干净，然后再开瓶。

开瓶取出软木塞，让客人看看软木塞是否潮湿，若潮湿则证明该瓶酒采用了较为合理的保存方式，否则，很可能会因保存不当而变质。客人还可以闻闻软木塞有无异味，或进行试喝，以进一步确认酒的品质。

在确定无误后，才可以正式倒酒。请人斟酒时，客人将酒杯置于桌面即可，如果不想再续酒，只需用手轻摇杯沿或掩杯即可。需要注意的是，喝酒前应用餐巾抹去嘴角上的油渍，否则不仅会影响对酒香味的感觉，还会有碍观瞻。